# 我的優質人生 從退休後開始

完美人生的下半場，從退休後，重新規劃人生的重要性！

U0070371

**特別推薦**

僑光科技大學應用英語系 張婉珍副教授
國立中興大學國際政治研究所 楊三億教授
前中國石油總公司會計處 張錦堂副處長
前臺灣菸酒公司酒類暨生技研究所 黃季芳所長
臺灣大學政治學系教授兼中國大陸研究中心 徐斯勤主任
永寧經管顧問公司執行長/顧問 周元如總監

許惠妙 著

松燁文化

# 我的優質人生從退休後開始

# 目錄

# 【推薦序】
# 精采有趣的退休生活點滴

　　內人說要寫這本書，我很贊成，因為她對退休生活有很多想法，思考都很正向，也做了很好的安排，在她退休後也就規劃施行得很不錯，不但身體照顧得好，也每天快快樂樂，如能將這些退休生活點滴與大家分享，或供作為借鏡，也是好事一椿。

　　我退休十年了，也跟著內人一樣的學東學西，但我們興趣不同，像她學書法、畫畫或英語，我就沒興趣，我學我有興趣的科目，但是彼此各有功課，誰也不會影響誰，有時還可相互分享學習心得，其實也很不錯。由於退休後我們都從事學習，所以不會與社會脫節，所以這是不錯的選擇，這也是我很贊同內人不斷學習以及遊學的舉動。

　　健康是唯一，所以老年人把自己照顧好，非常重要。所以我們要運動，要旅遊，要和家人相處融洽，要有朋友可以談天說笑，這樣生活才有色彩，內人這本書就是在談這些經驗，真的很值得參考，希望大家會喜歡這本書。

張錦堂

前中國石油總公司會計處 副處長

# 我的優質人生從退休後開始

# 【推薦序】

本書以「我的人生從退休後開始」為名，展示作者精心規劃的退休生活，這豐富且多采多姿的退休生活內涵，包含了養生 (讚美操、登山健行等活動)、書法 (楷隸行草學習並參加書法聯展)、繪畫 (素描與插畫)、英語學習、攝影學習、國內外旅遊、出國遊學等數大項，讀者細細品味這些文章內容可知，作者是一位無論退休前後都能善於把握時光的前輩，享受人生且樂在人生的典範。

作者能如此精采規劃退休生活，實在與作者從事公務生涯四十六年有餘有極大關聯，作者職涯成就與堅實的工作態度有目共睹，由於職場工作內容涉及人事等單位核心項目，作者經常需要在機關首長交代事項、民意代表關心議題、辦公室突發事件等各種挑戰中快速回應。這些高強度的工作環境培養出作者能在很短時間內釐清問題核心並給予翔實行動建議，此種職場訓練使得本書作者安排退休生活時能有治大國若烹小鮮般，將退休生活打造為多樣的心靈豐盛課程，讓退休生活繼續向上提升。此種多采多姿的人生規劃，為所有人士的退休生活立下典範、開闢了一條可供仿效的學習路徑。

享受環遊四海、恬靜簡樸的退休生活應該是所有人的夢想，

不過多數人因為工作繁忙而案牘勞形，忘了生活的終極目的在於享受人生，本書非常適時的提供此種寶貴的人生經驗，提醒大家全心付出心力於職場的同時，也要牢記退休後重新規劃人生的重要性，本人有幸能首先閱讀此書擔任引言，也希望讀者們能透過閱讀此書，一同領略這美好的退休人生境界。

楊三億

國立中興大學國際政治研究所教授兼所長

# 【推薦序】
# 積極過生活的實踐者

　　職業生涯結束後，新的人生才正要開始，如何好好規劃時間、照顧自己、享受生命，是退休生活是否精采的關鍵。也許有人視退休為畏途，深怕自己不再被需要，失去展現自己的舞台；但也有人能積極安排生活，發掘自己新的潛能，把人生過得更豐富。本書的作者就是屬於能夠享受人生，把握機會的積極實踐者。

　　作者將自己退休後生活如何規劃、實施，做了鉅細靡遺的分享。作者之所以能夠過得那麼充實與自在，主要是做到了以下幾點：第一，不斷學習。作者能以自身的情況為考量，將自己的興趣、專長等條件納入剖析，選出最適合自己的學習科目，才能秉持「活到老，學到老」的理念，不間斷的學習，且樂在其中。第二，作者的人際關係維護得很好。無論在夫妻之間、親子之間、朋友之間、抑或是同儕之間，都能和樂融融，相互扶持。很多的同伴可以一起聊天、旅遊、學習，有了人際關係的支持，讓生活更多彩多姿。第三，由於作者樂觀與正向思考的特質，才能在褪去職務的光彩後，找到自己生活的方向，去探索生命的意義。本書有很多可以借鏡的地方，相信讀者會和

我一樣，感覺收穫滿滿。

張婉珍<br>僑光科技大學應用英語系副教授

# 【推薦序】Season

　　阿妙是個全身細胞充滿活力、積極進取的人，因此我邀她參加我退休後第一個旅遊行程……，英國愛丁堡銀髮族遊學團！和一群 50 到 70 歲的朋友一起體驗英語學習過程，在當地的環境和文化的薰陶下學習英語，是一種比較輕鬆的方式。因為一邊學習一邊在生活及旅遊上就可以用得上，尤其是在住宿家庭裡和外國人一起生活，更是不同於一般旅程！除了語言溝通外，我們必須要學習自理飲食起居，到外國人的超市去購買食物，比較價錢，自己在廚房準備旅遊時的中餐便當，或者是學習怎麼在餐廳裡點餐等等，都是非常難得的體驗。我覺得這些應該會帶給她非常不一樣的旅遊心情！

　　因此她想要把這些退休後的各種不同經驗，記錄成退休生活日記，應該也是值得大家來和他一起分享！

黃季芬

為前臺灣菸酒公司酒類暨生技研究所所長

# 我的優質人生從退休後開始

　　我公務生涯 46 年，上班時日朝八晚六，有做不完的工作。因為擔任人事人員，除了一大堆公文需要處理外，還需要主動地去挖掘問題來為同仁服務，而首長交代事項必須及時完成，辦公室突發狀況常需要緊急處理，民意代表詢問事項需要及時答覆，人事單位同仁工作狀況必須隨時掌握，所以手機 24 小時不能關機，生活步調很快且繁瑣；加上我星期假日又兼國立空中大學人力資源管理相關類科的講師，除了準備課業講授，還要批改學生作業，並要回復學生提出的問題；而家事很多，也不能置之度外。以上種種，致使生活始終在忙、忙、忙中度過。

　　2016 年 1 月 16 日屆齡退休之前，我開始以 SWOT 來分析規劃自己的退休生活，另一方面也辭掉講師的工作，希望公務機關退休後，能開始做自己喜歡做的事，開始過自己想要的生活。

　　經過將自己的專長、興趣、時間安排、財務資源，個人身體狀況以及可能遇到的瓶頸等項做 SWOT 分析後，我選擇運動

## 我的優質人生從退休後開始

養生、書法、繪畫、英語、攝影學習及旅遊等六類作為我退休生活的重心。目前退休已四年餘,這些生活的安排,讓我結交了許多好友,也確實豐富了我的退休生活,每天都很充實,感到很開心自在。

一些老同事見到我,常說我比退休前年輕、有活力,希望我能分享退休生活的點滴,所以再上電腦桌,來敘述我退休後生活的安排,也希望給即將退休的朋友作參考。

# 壹、養生之道

　　養生的目的，在於追求活得健康，活得快樂，活得有品質。而所謂的養生，就是藉由身心靈的調養，來保持健康的生活品質，以達到延年避疾之目的。

　　退休後重要的是照顧好自己，個人身體健康，給家人省去很多不必要的負擔，也才能真正享受無憂無慮的退休生活。所以我除了不間斷的學習，以及把家事做好並適當的運動外，我也認真地經營我的家庭以及朋友間的人際關係。

# 我的優質人生從退休後開始

# 一、成為美美的自己

**我**屬天秤座,所以很愛漂亮,我不希望自己退休後,成了黃臉婆,或身材成為梨子體型,因此退休後,我依然注重衣著,喜歡運動健身,也希望藉由各種學習,來優化氣質,成為美美的自己。

為了運動養生,我參加了晨間的讚美操,偶爾和外子的登山隊一起去登山;新冠狀肺炎疫情已趨緩和,所以每星期一上士林牧愛堂的氣功課程;每星期四參加健行;每星期五則固定上「逆齡抗老養生」課;平常有時和朋友去聽演講,或去唱歌,或去旅遊,或互相到府聊天吃飯,抑或以 line 聯繫,所以生活豐富多彩。但人吃五穀雜糧,也難免有個病痛,我退休後,也曾發生腿痛到坐輪椅去就醫,這個病痛給我深深的體悟,也讓我更加珍惜退休生活的每一天。

## (一)和散那

在未退休前,鄰居淑純邀我退休後早上一起去跳讚美操。退休前為上班必須早起,退休後這習慣我並未改變。所以早上起床做好暖身運動並盥洗後,7 至 8 點就在天母 SOGO 前面的廣場參加讚美操活動。

我參加的士林讚美操係由連桂和金蓉兩位老師帶領，成員約 40 人，不斷增加中。讚美操是將基督教的詩歌，結合優雅的舞蹈及類似體操的動作，並配合呼吸吐納，來詮釋對神的敬仰、讚美與禱告，旨在淨化心靈，改變氣質，活潑生命，它具有音樂性、舞蹈性、運動性、複雜性、健康性，以及屬靈的意義。讚美操共有 8 集，第一集有 13 首，其餘僅 12 首，但每一集最後一首都是主禱文，因此歌曲共有 90 首，我們每兩星期換一集練習，如此循環重複。

編舞的吳老師很用心、很專業。每首曲子的動作都有它獨特性，例如第四集第九首「拍掌」，就是以前後左右上下用力地拍掌，來讚美神，並用拍掌來展現自己的信心、勇敢與堅強；第八集第九首「我的心願在祢面前」，就是以顫掌為主，再配合腳動舞步來展現詩歌的音樂情節與不同的舞風。另外也會納入氣功原理等元素，例如第二集第六首「依靠耶和華」加入《十巧手》的動作；該集第九首「道」加入《太極拳》的八卦。這麼多歌曲中我最喜歡第八集第四首「思想祢」，據淑慎說，這首歌是作曲的吳老師在國外思鄉、孤獨、寂寞時，思想神的話語，復得到心神的寧靜，有感而發所做的歌曲，這首詩歌及舞步都相當柔美，因為我能體會老師寫歌的情境以及歌詞的意義，所以跳起來特別有感觸。總之，讚美操的每一首詩歌都很動聽，這些肢體動作都簡單、自然、優美，有時氣壯，有時婉

# 我的優質人生從退休後開始

柔,沒有做作,充分展現力與美,且未重複,很不簡單,跳起來都很舒暢。

參加讚美操的成員不一定要信奉基督教,但跳操前後都須禱告。禱告由老師或指定少文、香君等團員帶領,老師一指定,她們馬上朗朗上口,且祈禱保護的層面涵蓋到場及未到場的團員,在新冠狀肺炎爆發時,更擴充到所有人類。每次的禱告,都讓我感受她們對神的信任、讚美與感謝,以及對人們的博愛與關懷。香君和我住家鄰近,跳完讚美操常一起回家,路上我們會聊一些發生在生活上的瑣碎事,如果我心裡有一些苦惱或困擾的事情,香君馬上就會為我禱告。禱告的用語,有些與我們日常用法有別,例如「保守」,在禱告內係指守護之意;又如「和散那」,希伯來語 Hosanna,「救命」的意思,現在演化為「向神呼求拯救」以及「稱頌救主的歡呼」。

讚美操每首詩歌都有意境,動作姿態隨著音樂跌宕起伏,會有身臨其境之感受。淑慎就站在我前面,她跳左邊,我跳右邊,可以清楚的看她動作再依樣畫葫蘆,淑慎也會適時地修正我,讓我很快地就學會,所以她是我的小老師。每當要年度表演時,淑慎會先將表演歌曲及舞步錄製給我,讓我回家練習,所以這兩年的表演我可以順利的參加,淑慎的費心,我由衷感謝。

每年的聖誕節,連桂老師會選擇兩首歌舞要我們團練後在

教會主辦的感恩活動會上表演。練習時有點辛苦，上台表演時會有點緊張，但表演後也覺得很有成就感。去 (2019) 年表演時，老師要我們各自攜帶一道菜去聚餐，並要我們準備小禮品去相互交換禮物助興，大家都覺得這活動很有意義。

連桂老師是教友，很照顧團員，除了平常的關心外，當武陵農場櫻花綻放時，老師會幫我們上網購票並帶我們一起觀賞滿山滿谷的櫻花；當團員有病痛時，老師帶著大夥兒一起為患者禱告；新冠狀病毒流行時，老師也帶領團員製作口罩套，並為大眾祈福。老師如此用心，讓團員覺得很窩心，無形中也凝聚了大家的向心力。

由於老師們的熱心帶領與溫馨的關切，這些團員都和睦相處，也都真誠的相互關心，我身處其中，能感受團員的互助、互愛，互諒，也因此感覺幸福愉快。我剛開始跳讚美操，要做扭腰擺臀等動作時，會覺得不好意思，經過這些年的練習，現在變得很自然了。有一個朋友說，她跳了讚美操以後，照相變成很會擺 pose；也有的說，跳讚美操以後，精神體態變得更佳；也曾聽說，跳讚美操幾個月後，瘦了好幾公斤；而我參加讚美操活動已四年餘，是有感覺身體柔軟度比較好。由此可見跳讚美操對於團員或多或少都有幫助，是一項很好的運動。

# 我的優質人生從退休後開始

讚美操表演前大合照

## （二）奔向大自然

### 1. 勇腳ㄟ！

外子曾服務於中國石油總公司，所以我常參加中油公司退休人員的登山或健行。

每星期二的登山活動，由八十歲以下的隊友輪流規劃，他們個個老當益壯，身手矯健，連八十歲以上的老大哥爬起山來也都是高手。當我參加的課程放寒暑假時，我會選擇性地加入他們的行列。但如爬山地點有連續階梯者，我則避之，因為自認有了年紀，不再過度使用膝蓋。

這些登山的兄弟姐妹們包容力都很強，平常在 Line 群組會相互調侃，相互揶揄，也會互相關心。登山時，這些兄弟姐妹們會區分先鋒探險隊、中繼聯絡隊及照顧弱小殿後隊。先鋒探險隊直衝隊伍前面，遇有狀況會往後回報，以決定是否繼續前進，或找地方休息，等大夥兒到齊了看隊員情況再出發；中繼聯絡隊承先啟後，看先鋒隊狀況，如後者離隊伍太遠或有隊員需要休息時，就會連絡前面先鋒隊做適當處理；也有幾個體力好又熱心的哥姐殿後來照顧新人或體力較為不足，抑或身體產生狀況者，所以這是一個訓練有素的隊伍，跟著他們登山，安全可靠。這些兄弟姐妹們也很慷慨，常帶些水果、餅乾之類的食品來分享；有的也會購置登山用品來發放，例如不鏽鋼水杯、

# 我的優質人生從退休後開始

雨衣之類的物品；或帶咖啡包及熱水來共享，彼此間感情非常融洽，相互照顧之情溢於言表，所以每次登山遇到其他的登山者，都會投以羨慕的眼光。

如果不是一直爬階梯的山路，我體力還不錯，一天走四、五小時沒有問題，所以他們也會叫我「勇腳ㄟ！」。其實我個人認為登山還是有些小撇步，首先要瞭解行程規劃，路況如何，再衡量自己體力是否適合參加。登山時，我會準備足夠的水、禦寒衣物(山上氣溫較低)、巧克力點心等(可增強體力)、雨具(雨衣、雨傘)、哨子(萬一有情況時可告知隊員自己的位置)、充飽電力的手機(彼此聯繫使用)、藥洗(萬一扭到時擦用)，還有蚊蟲咬後擦之藥物等。以前我自認年輕，不喜歡帶登山杖，現在覺得登山杖可以保護膝關節並作為支撐崎嶇或加強濕滑山路的平衡能力，也可做為野狗等襲擊時的自衛工具，所以現在也都會攜帶。這些必要的裝備都有了，就可以很放心的跟著去登山。而登山多圍繞在林木幽谷的大自然環境中，空氣都很好，所以登山時最好配合呼吸吐納，不要急，一步一腳印有規則的往前邁步，累了就休息喝水，如此就可以維持適當體力，完成登山壯舉。

登山除了投入大自然懷抱，大家一路嘻嘻哈哈開玩笑外，也有其他樂趣。有一次我們大夥兒去爬大崙尾山，下山走回到內雙溪途中，從樹之亭下來萬溪產業道路的地方，巧遇男藝人

黃仲崑先生正在那兒做運動,他看到我們就停下來,彼此寒暄了幾句。後來我們再次到樹之亭健行時,我把這舊事重提,一位大哥即說:「嘿!妳怎麼忘不了那個小鮮肉。」頓時空氣中瀰漫著一股酸酸的味道,引來哄堂大笑。另有一次去象山,因為連續的階梯,快到山頂時我略感不舒服,於是外子帶我去涼亭稍作休息,這時剛好有幾個他隊山友也在,他們正在聊書法,說一個朋友寫的書法非常工整,就像書本印的一樣,我很好奇,就問「您的朋友是書寫甚麼字體?」就這樣打開話匣子,話題從寫書法可看出人的個性,講到寫書法的樂趣等等,大家聊得相當愉快,增添了此次登山的樂趣。

　　最近疫情持續,我又忙於寫作,所以許久未參加登山活動,會想念這些兄弟姐妹,等疫情過後,我將再回到這個行列,繼續投向大自然的懷抱。

# 我的優質人生從退休後開始

淡水至北投清天宮間步道合影

## 2. 老土過河

　　除了參加中油員工暨眷屬登山活動外，我也會和一些好友登山去。多次登山，最難忘的是和 Judy 夫婦去陽明山鹿角坑，這次是蝶戀花旅行社主辦的。前往鹿角坑必須事先申請，入山時沒有帶身分證是不准進入的。旅行社希望我們穿雨鞋，為了穿雨鞋，我還特地穿了兩雙襪子，以避免磨腳，一切就緒興奮的去搭遊覽車出發了。

　　到了入口處，有少數人還是忘帶身分證以致被擋在門外。我們一行人有說有笑的往前走，越走越進入深山地區，景色是一片霧茫茫，杳無人煙，花木扶疏，有進入桃花源的感覺。忽然前面出現一條溪流，嚮導要我們相互照顧，小心過河，我比較沒經驗，結果一腳踩進河裡，水深淹過雨鞋，很重，外子連忙將我拉起，然後將雨鞋內的水倒掉，幫我把襪子擰乾要我繼續穿著走，鞋子一路「唧、唧」叫，那時也無空理了，繼續跟著往前走，越走越往深山去，連路都看不清了，不跟著走，會落單，很危險。走了一段路，發覺根本沒有路了，嚮導說這地方最近較少人來，已荒煙漫草，要大家緊跟著他走。這些路崎嶇不平，滿是荊棘，也有很多大石頭，非常難走，經常需要手腳並用，爬上爬下。我較膽小，所以走在中間，但因走得慢，與前面的人仍有一小段距離，突然遇到一塊大石頭擋住去路，我跨不過去以致大叫，外子哈哈大笑，告訴我不用跨過大石

# 我的優質人生從退休後開始

頭,只要繞著大石頭邊過去則可,那時回頭看,一群人都在等我,這時感到自己是個老土,真丟臉。就這樣往前再過河又繼續走了約二小時,才到達目的地。這時取出自帶的午餐,感覺特別好吃。

回程又是走同樣的路,回到遊覽車上,看到每個人都是汗流浹背,全身沾滿汗泥,不禁莞爾,也感覺自己能走完全程,很了不起。然後我們驅車前往「花藝村」去泡溫泉。泡溫泉時,

我真是粗心,溫泉水潑到眼睛,痛得無法睜開,還好老闆趕快拿沖眼液讓我洗滌,朋友趕快買了豬血湯慰勞我,這才結束這場自導自演的鬧劇。

登陽明山鹿角坑,路確實具挑戰性,但風景很美,當征服後返回,雖是滿身汗水,卻很有成就感。嗣後如有機會,願意再次嘗試。

在一片霧茫茫山路行走

## (三) 哈拉哈拉

中油公司星期二的登山隊伍大多為男性，且都是登山健將；而星期四的健行，是該公司不喜登山的退休人員暨眷屬，組織成立尚青聯誼會，以處理健行等相關事宜。

聯誼會會員目前有 40 餘人，現行活動由 7 位會友輪流擔任總召，根據大家的體力，顧及交通、氣候等因素選擇適當地點規劃行程，也跟著學生一樣有寒暑假。健行活動多於每星期四上午 10 點集合後開始，中午找餐廳大夥兒各自吃個便餐或一起聚餐，不便參加健行者則到用餐地點會合，飯後再找地方喝咖啡聊是非。我喝咖啡晚上不易入睡，加上每星期四下午在土城有繪畫及書法課，所以吃完中飯後我就匆匆趕上課去了。

這期間，我也曾擔任健行路線的規劃工作。輪由我規劃時，我都先查網路或向朋友洽詢以蒐集資料，再從中選取最近沒去過的地方，復前往要去的地點勘查路線，之後還思考怎樣的安排，希望給團員們除了走路以外有另外不同的感受，等一切就定後再通知大家集合照計畫進行。我先後兩年的路線安排，包含參訪法務部調查局（參訪內容：業務介紹、反毒陳展館、展抱館、鑑識科學處等）；貴子坑水土保持園區（含貴子坑水土保持教學園區志工解說）；由捷運芝山站→忠誠公園→天主教蘭雅朝聖地（吳長榮先生解說）→怡香園餐廳聚餐；由陽明山公車

# 我的優質人生從退休後開始

總站→陽明山人車分道路徑→荷花池旁的水泥板道→橫嶺古道北口→橫嶺古道 ( 全長約 900m ) →楓香姊妹樹廣場→陽明山公車總站；捷運小南門站→台北市植物園 ( 參訪欽差行台及南門町「與自然共舞」林松本手捏陶個展 ) →國立歷史博物館；芝山捷運站 1 號出口→忠誠公園→芝山岩步道→大葉高島屋用餐。有一次，本安排往天母天和公園及東和公園健行，並已委請天和里里長親自導覽，且請鄰長助覽，然因天空不作美，下起大雨，前一天臨時改往板橋捷運站健走。參與規劃兩期後，因學習書法等致功課較多，且須準備遊學的英語，擔心太忙沒有辦法兼顧，遂推辭行程規劃的工作。

我參加健行活動時，也曾發生一些小插曲。去北投貴子坑健行時，我曾教大家唱 "London Bridge Is Falling Down" 的英文兒歌，有位團員要我解釋，我照做，之後看大家都很認真地唱，整個氣氛變得熱絡，深覺活動中辦這種穿插，是好主意；當次活動我有煮最拿手的「紅麴米糕」來跟大家分享，滿受歡迎，這些天還有隊友告訴我她很懷念這項糕點，我很高興，所以疫情趨緩後第一次辦理健行活動時，我再次製作與大家共享；我也曾在活動辦理中發生糗事，那是去「樹之亭」健行時，林總召要我幫忙泡咖啡，我不喝咖啡，所以從未做過這事，沒經驗，誤把濾掛紙弄傾斜，咖啡豆粉末掉到咖啡杯內，等於整杯咖啡不能喝了，好糗，實在不好意思。

## 壹、養生之道
### 一、成為美美的自己

　　我們健行的地點多在雙北。陽明山、陽明山花卉中心、士林官邸，北投貴子坑、植物園，大安森林公園，兒童樂園，台北市立天文館、科學博物館、台北美術館、花博爭豔館、新生公園、林家古厝、台北車站及捷運中山站地下街、板橋林家花園、板橋車站地下街、松山火車站暨鄰近慈濟博物館、南港展覽館、淡水、八里等，都常有我們的足跡。或許有人會認為這些地點很無聊，但對於這些長者來說，主要是出來走一走、見見面、哈拉！哈拉！讓自己的心情得到紓解與轉換，所以都甘之如飴。

攝於東湖櫻花林

# 我的優質人生從退休後開始

## （四）氣血通暢

　　由於新冠狀肺炎疫情緩和，氣功班終於開課了。我以前在民用航空局飛航服務總臺服務期間，曾學過氣功，後因改調他機關而中斷，現在又能重新學習，特別高興。

　　氣功班係在士林牧愛堂，由李任哲老師教導。上課前先做暖身運動，這樣做氣功才不致受傷，然後再依據老師的口令及方法練功。班上同學都已經學好幾年，我是新生，但因為我曾學過，所以跟得上，又同學已將老師講義全部傳到氣功班 line 的群組中的記事本，打開記事本，發現其內容相當豐富，各種氣功功法以及穴位按摩等資料應有盡有，可以隨時查閱，記事本內也有許多老師帶至戶外教學採氣的活動照，真的很吸引人。

　　李老師每天都會在群組中傳送一項自修作業，這幾天傳的是要我們用刮痧板刮抹或點按制汗穴；扳手指以刺激手上六條經絡及大腦皮質；按摩少衝、神門及太衝穴，以補心氣；學睡覺功法以補腎還陽；推拿手掌骨穴位，以調理全身；日本殭屍操以及五個必學的瑜珈手印等等，方法都不難，照做，對健康一定有益處。我才重新復學，所以不貪心，除了每天自修作業外，也練習記事本內的太極氣功十八式第一套，從頭到尾練一次，就已經滿頭大汗，等練熟後，氣當更足，屆時也可以參加採氣活動，那是多麼令人興奮的期待。

目前老師所教都屬於動功的部分，雖然只是配合呼吸來比手畫腳，但是其中隱藏著許多技巧。依據過去的經驗，認為動功主要在於意念、吐納及動作，這也是學習氣功三要素。氣功旨在促進活力、提升免疫力、活絡筋骨，以使氣血通暢，達到延年益壽的目的，所以勤加練習，對於養生確有功效。練習時，要盡量的將意念和身體放鬆。所謂的意念放鬆，必須是內心坦蕩，心無罣礙。練功時重要的是要意到氣到，用意不用力，且要氣沉丹田，再根據老師所教的動作，確實配合呼吸，才能收到健身的效果。

《小確幸》

1. 退休後沒有壓力，身材稍胖，但仍能維持均勻。
2. 由團隊生活中，可看出人性，確認那些人是值得結交的朋友。
3. 經由運動健身，較少感冒，體力也更好。
4. 經常與大自然對話，心境輕鬆愉悅。
5. 氣功課程內容多樣化，可與經絡養生課相輔相成。

# 二、廣結善緣

**我**喜歡結交朋友。在我的認知裡，與朋友相處，不是禮物的你來我往，而是真誠的付出與經營。我的這些朋友，都是一時之選，他們在我眼中，都是才華洋溢、值得敬佩、值得珍惜的一群。2009 年母親往生時，一些朋友爭著當乾兒子、乾女兒，來送母親最後一程，這種友誼是萬中選一，非常難得。母親在世時，常說我很會選擇朋友，母親說得沒錯，這些朋友有事相挺、有難相互幫忙，是我這一生中最棒的資產。

## （一）老友情如磐石

我朋友很多，有些是老同學，有些是老同事，也有是因為同好而結交為死黨的，也有的是經由旅遊或上課，彼此談得來而成為閨密的。我們的友誼單純，只要對盤，就是麻吉。

### 1. 共學之友

同學是沒有血緣關係的家人，我們都很珍惜這個緣份，雖然我們畢業離校多年，但仍密切來往。

### （1）初、高商

　　與初、高商部大部分的同學見面，多是參加同學會或是老師從美國回來的名義聚餐，平常就分別以「南投高商：第五屆」、「彰商 (57) 禮班同學」line 的群組來聯繫。

　　高商的同學中，含我有四位女同學特別的要好。高商畢業後，我隻身從南投到台北來工作，她們會北上來找我，一起逛街，一起吃美食。有一次結伴去陽明山遊玩，留連忘返錯過車班，四個人準備將鞋子脫下走路到士林，適巧遇到名人「谷正綱先生」路過，帶我們一起下山，這段奇遇，成為我們茶餘飯後的笑談。這四個閨密，現在各有美滿家庭，兩個住台北，兩個住台中，其中有兩個已兒孫滿堂，但我們的感情依舊，並未因各有家庭而遞減。近年自組 Line 群組，無所不談，有時聚聚聊聊，是一輩子的好朋友。

### （2）大學

　　我們大學同學，有已經移民美國或遠嫁德國，好幾個公務人員高考或普考及格在公家機關服務，多已退休；也有好幾位大老闆，有做房地產的，有經營冷氣的，也有現在已是台北市知名的土地代書，總之，大家的出路都很不錯。

　　值得一提的是，我們不只同學間很親密，連我們的另一半，有的比同學更勤聯絡。我們這些大學同學較常來往的有十位，

# 我的優質人生從退休後開始

經常去登山健行，或餐會，抑或參加詹瑛枝先生的旅行團國內
到處旅遊，至少兩個月見面一次，平常通通電話，或是用「文
化行管 (21)」line 的群組聊天問候，情同兄弟姐妹。其中有位
開冷氣行的同學，我家的冷氣都是找他幫忙，他始終提供最優
惠的價格以及最佳的服務，很窩心。這位大老闆也是個烤雞專
家，他有空時，就會邀我們一起到新北市烏來的「福山緣」營
區去聚會，他前一天就會將烤雞醃好，並帶好烤具，連同他家
的卡拉 OK 設備一起帶上山，其他的每個人就各準備兩樣菜或
水果，到山上聚會，烤雞香噴噴，菜香撲鼻，歌聲傳遍整個山中，
大家樂哈哈。

我們這位台北市知名的土地代書，號稱「台北之鼠」，很
有愛心，他的家族成立「松月功德會」，以「弘揚孝道」為宗旨，
經常辦理有關孝道的活動，我們幾個同學被他的善行義舉所感
動，所以參加成為會員。這位同學擔任理事長時，我曾擔任過
無給職常務理事，其辦理之活動，只要時間允許，都會參加，
過去舉辦之中小學學生孝道文章論述評比，我為義務的評審委
員，理事長也因此特頒發感謝狀。事實上能為這個公益團體盡
一分心力，已感榮幸之至。

## （3）研究所

我曾就讀文化大學勞工研究所學分班以及銘傳大學公共事

務學研究所。前者的同學,有出版業及餐飲業負責人、知名教授、高階公務人員以及在私人企業擔任高級主管者。我們雖然已離開文大多年,但仍有幾位同學密切聯繫,有值得慶賀的場合,都有我們的身影,雖然我們沒有常見面,但是我們的感情並未因為距離而有所隔閡,反而是更加珍惜過去曾經相互砥礪的日子。

銘傳研究所的同學大多在政府機關做事,大家的話題方向很一致,所以聚會時,經常搶著表達,感情也因此日有所增。以前上課時,記得有一次同學的朋友從南部寄來新鮮黑鮪魚,這位同學就吆喝我們一堆人立即請假,一起到餐廳把一大盒的黑鮪魚吃了;在學校也經常一起搞笑,有一次上課期間大家很想吃披薩,於是請要上來的垃圾車駕駛順便買披薩上來,這是加上垃圾味道的披薩,大家還是吃得津津有味,這件事到現在還是我們聚會時的笑談。還有,教授有事找我們時,我們不是在餐廳聚餐,就是在同學家唱歌,不然就在哪個同學的辦公室聊天,讓教授都詫異我們的感情怎麼那麼麻吉。

在學校時,我跟兩位男同學特別要好,別人下課就開車回家,我們三個走路下山,然後一起到士林去吃東西聊天,每每盡興後才各自打道回府。學校的畢業旅行是去日本北海道,我們三人玩的花樣特別多,像小孩子般的到處竄,玩累了還想一起合照,同學說我們就像「流浪三姐弟」,現在回想起來,懷

# 我的優質人生從退休後開始

念特別多。

　　取得碩士學位後，同學們的來往更為密切，有一起學書法的，有的經常輪流請客聚餐，有的常常一起旅遊，我們組成「銘傳公事所-3屆同學」line的群組，彼此關心、砥礪，有時也相互調侃，以延續我們的好交情。

　　我這些同學，習慣以「大姐」稱呼我，就像家人般的親密，緊緊地維繫著這可貴的情感。

大學同學福山緣聚會

碩士班同學要我寫「太太怕我」

# 我的優質人生從退休後開始

## 2. 共事之友

### (1) 革命情感

上班的時候，同事天天見面，而且見面的時間比家人還長，所以多數同事間的感情都很要好，尤其公事上，很多時候需要大家通力合作才得以完成任務，所以建立了深厚的革命情感，於是一些人就會由同事變成朋友，這份情感並不會因為退休而消減。

在職期間的長官以及所結交的朋友，有些比我早退休，有的現在還在職。比我早退休的兄姐及長官，我會常用電話或 line 抑或登門去看看這些老朋友們，祝福他們安好，如果有需要我做的事，我心甘情願的全力以赴。比我晚退休的同事或長官，當他們要退休時，我會前往致意並致贈我的書法作品作為紀念。

在職時我因職務的升遷調動，在台北、新北、花蓮、台中、台南許多公務機關服務過，所以共事過的朋友很多，我們之間在公務之外，也有許多小故事，茲臚述之：

① 白川町大哥：在職時，由於我是人事人員，所以認識的人比較多。在松山菸廠服務時，我就認識嘉義酒廠的邊大哥和汪姐夫婦，後來每次出差，抑或到阿里山旅遊，就住在他們嘉義白川町的住家，有次我輕微胃出血，還是他夫婦倆送我到醫

院並照顧我。邊大哥退休後，汪姐也跟著提早退休，之後他們搬到上海居住一段時間，這些日子，邊大哥都說電話費太貴，就由他來給我打電話連絡，我還和兒子去上海住他家好幾天。前年他們又搬回嘉義安居，因為他們的兒子在台北開餐廳，是著名的美聲主廚，常有大型歌劇的演出，所以邊大哥和汪姐常北上，我們也就常見面。

　　② 後山的兄嫂：莊大哥夫婦住在花蓮，以前花蓮稱「後山」。莊大哥夫妻都是我花蓮菸葉廠的同事，過去我隻身在花蓮工作，所以他們夫妻特別照顧我，在花蓮工作時我經常到他家打牙祭，我改調他機關後，仍時常到花蓮去找他們。每次到花蓮，他們夫婦總是熱情招待，一定會帶我去吃龍蝦大餐，然後去光復糖廠吃冰，還會去瑞穗他朋友家的牧場去看乳牛、喝牛奶；西瓜生產季節，也會開車帶我去鄉下採西瓜，有一次他說：「妳負責這一行，找到最大的西瓜再摘下拿到前面的簍子」，我真的就很認真地找，發現最大的一顆，等到要拿起來時才知道自己根本拿不動，然後大叫請幫忙，於是我這自不量力的情形成了大夥的笑柄。每次我們的鄉下行，總是整台旅行車的西瓜、甘蔗、南瓜等等，雖然每個人都有座位，除駕駛外，腳都沒地方可放，真的很好笑。他住家屬雙棟合併，頂樓打通，非常寬廣，我曾帶全家兄弟姊妹們一起去花蓮旅遊並住在他家，姊姊的兩個孫女可以從這頭跑到那頭的打枕頭仗，非常有趣，

# 我的優質人生從退休後開始

現在仍時常吵著要去他家玩。有一次我一個朋友去花蓮，莊大嫂托了這位朋友一盒有名的小月餅要給我，但這位朋友搭火車時肚子餓了，幾個人就把我的月餅吃光，莊大哥知道這件事，我再次去花蓮，就特地補上。這兩年，莊大哥為糖尿病所困擾，較少出門，我常以電話問候，有時也會去探親。這林林總總，象徵著我們不只是朋友，而是我很親的兄嫂。

③ 你是我兄弟：我在建國啤酒廠服務時，有幾位很談得來的朋友，在工作上，我們相互支援，下了班，我們一起吃飯、喝酒、唱歌，或一起旅遊，是一群不折不扣吃喝玩樂的朋友。其中林大哥夫婦，特別投緣。林大哥是登山健將，常受邀參加國際的登山活動，夫婦都很熱心、海派，所以朋友超多。我母親在世時，如有北上來我住處，林大哥夫婦見我忙，就會把母親接住他家，兩夫婦就帶著我的母親四處訪友、遊玩，甚至帶去喝喜酒；我們一起出國時，他們夫婦也會協助我照顧母親。母親已辭世，每當憶起母親，就會想到這哥嫂的有情有義。林大哥夫婦退休後長住基隆，因為林大哥還在為登山協會的事情忙碌，致我們沒有像過去那麼常見面，但彼此的關心、問候並未中斷過。

④ 我們是一家人：我在台中港務局服務的時候，我們的李局長、梁主任秘書、世鴻處長、彩環主任、明容科長、瑞明管理師、建達、美惠、永銘等，對我都非常照顧，我一直銘感在心。

港務機構組織變革後，我回航港局，這些長官和同事都留任港務公司。組織改造時，經由李局長的推薦，我得以順利移撥航港局，這恩情我永銘於心，而我退休時，局長時任高雄港務公司總經理，還特地捎來一份禮物，讓我好感動。我退休後，有一次去汐止的翠湖健行，巧遇梁主任秘書（港務局組織變革後，升任花蓮港務公司總經理），激動得快掉下淚來，現在我們每天line 來 line 去，成為網路之友。我在港務局時，另在沙鹿租房子，因時值機關組織變革，所以經常要到台北開會，從梧棲到烏日高鐵仍有一大段距離，如局長一起北上開會，我就跟著一起搭公務車；若只有我一個人去開會，則不好意思麻煩駕駛先生，剛好同事美惠家居烏日方向，於是在港務局兩年期間，我搭高鐵來回就由她接送，我在沙鹿兩次開車發生小擦撞，第一個到現場關心的就是她，然後帶我去辦公室附近的土地公拜拜，祈求平安。就因為這樣，我們無所不談，成了閨密，現在還是如此。

⑤ 土地公長官：航港局有兩位副局長，都很照顧部屬，我有事報告或請求支持時，他們都很樂意的協助，現在兩個都已退休，其中一位副局長，人稱「土地公」，有求必應，是一個不折不扣的好長官。在職時，我人事室同仁的生日，他一定到場；有朋友送他兩箱柚子，他就會送我人事室一箱，所以我都說那是「柚見幸福」。土地公副局長退休後，夫妻倆在宜蘭經營管

39

# 我的優質人生從退休後開始

理開心農場，我們去年還結隊前往採擷番石榴、火龍果，再次的相見歡。副局長退休後仍不改他幽默的個性，經常在 line 上逗得我哈哈大笑，真是一個人人喜歡的土地公。

⑥ 姊弟情：航港局的高級分析師，在職時我們形同姊弟，他總是叫我「姊啊！」。這位分析師人很忠厚，我退休時他剛好考上博士班，是一個很上進的小老弟。我退休時，他知道我想學英文，就送 ipad 以鼓勵我；還送我五雙鞋子，分別為登山長筒鞋、一般運動鞋、船型布鞋，皮鞋，還有一雙很漂亮的拖鞋，他是希望我退休後能經常外出運動，以保健康。我退休後他升任一級單位主管，由於工作認真，善待部屬，佳評如潮。現在我們一直有聯繫，偶爾兩家一起外出聚餐。去年他退休，同時拿到博士學位，在海洋大學繼續任教，並在「原始點」當志工隊長，我去找他，順便看看他的工作環境與工作情形，見面彼此聊得好開心，他還教我每天使用薑粉敷臉，可以去斑，變得更年輕喔！

⑦ 麻吉三人組：在航港局，我跟兩位一級單位主管特別要好，我們在公務上會商量，一起想辦法做最佳處理，所以是合作三人組，是最相挺的工作夥伴。我退休後其中一位榮升主任秘書，一位開始攻讀博士學位。目前兩位也都退休。劉主任秘書退休後回鄉下含飴弄孫，還管理老家龐大的產業，現在有了一大片的菜園及果園，種植了 18 種菜類、9 種水果，還有西瓜

等 9 種瓜類,收成頗豐,但皮膚曬黑了,不過很健康,他老是關心我兒子怎麼還不結婚。他偶爾回航港局跟同仁上上課,我們也就趁此見見面;而許組長退休時拿到博士學位,繼續在港務相關單位奉獻所學,我們的好交情,仍透過通訊,將維持到永遠。

⑧ 風雨同舟俏佳人:航港局在 2012 年始成立,所有人事制度,一切從無到有,我們這些人事同仁,好幾個都是剛取得公務人員的新人,但我們一起胼手胝足,克服困難,一次次的完成上級所交付的任務,經過無數次的風雨,我們終於取得全交通部人事業務績效評核的第三名,令人欣慰。這些朋友於我退休時,合送我一部「俏腿機」,希望我登山健行後,能使用俾消除腿部疲勞,真是有用,它確實產生了功效。現在她們會找時間邀我聚會吃飯,也會聊聊辦公室的事情,有一次跟我說,我在職時所提倡的「人事報報」刊物受到交通部的器重且大力推行,讓我深深覺得過去的努力很值得。而我退休後有時想瞭解一些人事法規修正的情形,她們都很熱心迅速的回應;有一次我將要去演講的 powerpoint 做好後請她們美化,她們一口答應,且速速地幫我完成,這些事項,讓我感恩也非常感動。

還有很多交情很好的同事,我未一一列舉。退休後和其他一些老同事見面,大多在小孩子的婚宴場合,如同懇親會。現在航港局退休的副組長雅瑜熱心發起組成「終生航港人平臺」

# 我的優質人生從退休後開始

line 的群組；台灣菸酒公司的攝影社進階班 line 群組也邀我加入；加上本來和交通部的前人事處長以及民航局的一些長官同事也都有聯繫，所有退休人員都有溝通的平台，這樣的來往可以不受時空的限制，真的很棒！

### (2) 聲氣相投

除了工作上的來往所結交的朋友以外，在職時也認識了當地其他機構的友人，這些朋友，沒有業務上的牽連，反而更單純，交情更真。

① 不離不棄：我曾經在民航局台南航空站服務期間，認識了與機關業務往來單位的兩位朋友，彼此成了莫逆之交，迄今十餘年了，我們的友誼永固。其中一位是李處長，他交友廣闊，為人熱心，處事沉穩幹練，是一個能人，當年我女婿軍中退伍，他即主動積極的安排後續的工作，這恩情我永記心頭，去年他也加入退休的行列，而在台北他朋友所有的婚喪喜慶他都會來參加，也就增加我們見面的機會，也就更增進彼此的關心；另外一位友人慧筑，是一個美麗、溫柔、有氣質的女性。在台南，我們兩個就如膠似漆，分開後她至少半年必須北上健檢一次，我每次相陪，她常謝我對她「不離不棄」，我們雖然相隔異地，但她有好吃的、好用的，從來沒有忘記給我寄一份到家裡來，所以我退休後，收過她寄來幾次的麻豆文旦、美人柑橘、碩大

的棗子，口罩套等等，每次我收到這些禮物，都很感激。我們三人每天都分別用 line 溫馨的問候，並互訴生活點滴，一起分享喜怒安樂，是常會思念的朋友。

② 雪隧英雄：交通部原來有基隆、臺中、高雄及花蓮四個港務局，2012 年因組織變革，改成立臺灣港務公司及航港局，我因家居臺北，所以選擇到航港局服務。航港局成立之初，除了仍於原基隆、臺中、高雄及花蓮設立四個航務中心外，航港局的員工全部擠在一個大禮堂辦公。復因人事工作有其隱密性，所以國道工程局的李副總工程司適巧榮升主任秘書，於是將其辦公室暫時撥借於我，讓我擁有可看見設計師吳季剛所設計的美麗大樓，一間屬全局視野最美的辦公室，也因此我和這位貴人漸漸成了摯友。他退休後住宜蘭，從事管理 45 間出租的房子，我有次去宜蘭爬山，他開車來接我去他家，叨擾了半天，瞭解他退休後的生活過得很好，就很放心。前幾天，李四端的「消失的秘密 - 台灣建築奇觀雪隧通車英雄錄」專輯，就是在講他夫婦倆在雪隧工程的驚險與奉獻，我看了感動得掉淚，也以他夫婦倆為榮！

### (3) 焦孟不離

過去我和淑芬曾奉派在銓敘部協助新人事制度的各項作業，兩人工作時，焦不離孟，孟不離焦，就這樣維持了近 3 年。工

# 我的優質人生從退休後開始

作結束後，因為兩人職務升遷調動等因素，失去聯絡，但一起奮鬥所培養的感情，仍深深烙印在心裡。我退休後有一天在捷運上，看到一個熟悉的身影，兩人互看許久，才確認是我這位失散多年的友人，再次重逢，興奮之情，難以言語形容，這是上天給的禮物。她比我早退休，目前住在汐止山上，她母親也研習書畫，而她亦從事多樣的學習，還擔任兩岸書畫展的評審要職，同時她也研發酵素，所以我們有很多共同的話題。我已多次到她家，和她們談論書畫，並拿回許多香醇的酵素，我的書法聯展，她也來捧場，我們又回到從前的親暱。

## （二）有情有義的新朋友

「友直，友諒，友多聞」，朋友的真誠相待，互相關心，互相鼓勵，一直是我最安慰的事。像今年我參加書畫聯展，碰上疫情爆發，朋友們還是情義相挺，親臨捧場，有的還特地送花致賀，這些都讓我非常感動，更深深覺得有您們真好，也促使我更喜歡結交朋友，凡鄰居、賣水果的、或一起參加旅遊，抑或一起參加上課學習的，只要磁場對，我們就很容易成為要好的朋友。這些朋友都是這樣交往的：

1. 興趣的結合：書法、插畫，抑或英語學習等上課時所交的朋友多屬這一類，其中以書法課朋友最多，插畫課次

之。書法課的朋友平常多以 line 互通訊息,或結伴看書法展。書法課中有幾位朋友對我的關懷與照顧,都讓我好感動。其中一位石大姐,她曾是大醫院護士退休,有豐富的醫學常識,她書法、國畫都學,曾出過專輯,是一個很有氣質的姐姐。平時她常跟我講些用藥常識,讓我受益匪淺;知道我學畫梅花,不但教我梅花基本畫法,還提供我一些畫梅花紙張及需用的國畫山馬筆等,她就是這般照顧我;另有一位某大企業夫人,我們曾一同學插畫,因為談得來,所以常有聯絡,有時會邀一起喝咖啡聊天,或將自己作品拿出來分享討論。有天,有位同學告訴我這位朋友是某大企業的夫人,我方才知這位朋友的身分,但知道以後,我也沒有去識破,因為我們的友誼純粹建立在同好之上,這種單純的友誼才會長遠。

2. 旅遊的際會:退休後,我經常旅遊。無論國內或國外旅遊,每一次總會交到幾位新朋友。住在新北市新莊的凱婷,我們自從北歐旅遊回國後就一直有聯絡,復再次一起前往貴州旅遊,還跟導遊阿呆說,下次有好的旅遊景點,我們還要一起參加。凱婷總是叫我「水姐姐!」。她們夫妻很重感情,我兩次書法展都來獻花捧場,平常互訴生活點滴,或分享周遭所發生的喜怒哀樂,是不可多得的好姐妹;還有曾一起旅遊的春華、Judy 夫婦,還有

# 我的優質人生從退休後開始

藍鵲家族的貴英，小阿姨，王馨、鳳枝，以及詹瑛枝旅遊團一起玩樂的庭偕、麗美、淑惠等夥伴們，都在我的心中留下一個不可抹滅的位置。

3. 比鄰之親：我的鄰居，有的是外子的老同事，有的不是。我退休後，比較有閒暇與鄰居接觸，所以不論是否為舊識，我們都常有來往，尤其正對面的王太太、斜對面的奕榛，還有淑純等，來往都很密切。奕榛最喜歡做包子、饅頭，還有常回宜蘭鄉下帶回各類蔬果，她總不忘給我一份，就是帶回一個胡瓜，她也切一半與我分享；而淑純，我們天天一起跳讚美操，她很熱心，有好東西就會想到我，她女婿是獸醫，有送客人的冷水壺，她送我；志工送她口罩套，她拿來給我；她樓上種絲瓜，成熟時也沒有忘記跟我分享；另對面的王太太在泰國和先生另有事業，她又忙於慈濟工作，所以常跟我分享她寶貴的經驗，例如她為了敦親睦鄰，過年在泰國宴請鄰居席開100桌；慈濟如何發揮愛心辦理哪些活動等等。人稱「遠親不如近鄰」，我們幾個有很好的交情，所以有事商量或需要幫忙，只要按個電鈴就可解決了。

4. 日本通：我在職時因為工作壓力大，常沒睡好，以致有次牙齦腫痛，看了幾個醫生都沒醫好，後來經朋友介紹去看這位陳醫師，她很細心，很快地找出問題所在，解

決我很大的困擾，之後我們家大大小小的牙齒不適都在她這兒診療。我退休後，到她診所，就會有較多互動的時間，開始東拉西扯，無所不談，有段時間我們相約一起去學插花，來往就更為密切。因為陳醫師夫妻都是留學日本的牙醫，又很喜歡自助旅遊，我到她家診所，她除了帶我去圖書館教我怎麼看日本雜誌，旅遊時怎麼攝影取景，還邀我去參觀她們社區的娛樂設備，希望我找時間前去找她唱歌。因為她請了幾位員工，有時也會一起討論勞工法令問題。她出國旅遊，除了隨時傳照片分享外，也都會帶回小禮物。我們的互動從我退休後開始這般頻繁，也在計畫等疫情過後，我們還要一起去日本自助旅遊。

5. 水果妹：我喜歡吃水果，退休後較常去購買。雖然我從小在鄉下長大，但水果品質好壞我卻莫宰羊，水果鋪老闆娘個性阿莎力，每次我都是請她挑選，她說多少我就給多少，也不囉嗦，她也因此開始喜歡我這種個性。最近這兩年，她客人再多，只要我到，她馬上放下工作和我聊天並請我吃水果。如果外子去，她除了傳話要我隔天去店裡，不然就是請外子攜回她贈送的水果，她總是說「帶回去給我好朋友吃」。我很想教她寫書法，她總是說「我拿筆跟拿鋤頭一樣，算了！」她就是這種率真的

個性，跟她聊天一點都沒負擔，所以是我很喜歡的朋友。

**《小確幸》**

1. 這些同學、同事及友人，都是我的家人，是我此生最大的財富。

2. 這些摯友的相互關心，是心靈最重要的食糧。

3. 這些朋友學識豐富，各有專長，很多值得我學習。

# 三、學習逆齡抗老

**每** 星期五下午，我和外子參加士林長青大學（老人中心）周金龍老師的逆齡抗老與運動養生課程。

周老師上課會以學理作根據，教導我們認識經絡穴位，如何排濕，如何以經絡按摩強健身體，如何預防失智，如何消除病痛，如何以運動幫助睡眠以及如何使用彈力繩增強肌力及肌耐力等等。老師上課時會將重點寫在黑板上，同學有的抄筆記，有的就照相回家慢慢看。老師常以圖表教導經絡，所以淺顯易懂。我們對穴位不甚瞭解時，老師會拿著筆幫我們每個人身上的穴位做註記。

跟周老師學習已四個學期，綜合老師所教導，有關逆齡抗老的方法簡述如下：

## （一）經絡養生

經絡系統是由經和絡組成，經就是幹線，絡就是支線，經和絡縱橫交錯，在人體構成一個整體的大網，內聯五臟六腑，外接四肢百骸，網絡全身，是氣血運行的通道，如經絡維持暢通，人的身體就健康；經絡不通，則氣滯血瘀，將產生各種病痛。所以要記住幾個重要養生穴位，諸如百會、風池、內關、合谷、

# 我的優質人生從退休後開始

曲池、足三里、關元、命門、腎俞、陽陵泉、陰陵泉、足三里、豐隆、太溪、三陰交、太衝、湧泉等，每天可不受時間、空間的限制，有空就按摩，持之以恆，就能輕鬆找回健康的身體，達到經絡養生的目的。

## （二）平日保健

平時保健很重要。葷食後忌立即喝茶，因為茶中含有鞣酸，易與食物中之蛋白質結合，成為收斂性鞣酸蛋白質，造成胃部消化不良，產生腸骨膠，以致便秘；腳無力，是老化現象，也可能是體重過重，致使關節變形，所以要穿軟鞋；冰、啤酒、糯米、竹筍、香蕉，都易傷筋骨，須撙節食用。平時最好常雙手往上舉直交叉，墊腳尖，站立或走路，可預防心血管疾病。

## （三）對抗三高

老年人容易有高血壓、高血糖及高血脂，其元凶在於內臟脂肪。如果有脂肪肝，肝就容易氧化，所以要透過運動培養肌肉收縮，平衡骨骼架構，刺激腦部反應，並可增加排汗，及增強肌肉質量，以對抗三高問題。欲改善，立姿深蹲坐姿法不失為良方，其方法為將手平放，臀部往後移，再蹲，每日20次，可消除脂肪。

## （四）預防失智

老人失智是一種認知功能障礙。其症狀有三，即失智 - 記憶力衰退、定向感及時序錯置；憂鬱 - 食慾降低、全身性不特定部位疼痛、不熱衷事務；膽妄 - 睡眠品質差、講話內容脫離現實、幻覺、騷擾他人、作息日夜顛倒。要預防失智症，多走路確有效果，可一邊走路一邊倒數數字 , 每走一步減 3，即從 100-3=97，97-3=94...... 以此類推。兩人一起走，效果更好。

## （五）排寒養生

老師說：「養生不排寒，一切都白忙。」 排濕，在於按摩中脘、曲池、陰陵泉及豐隆穴。夏天多泡溫泉，吃薑片等辛辣食物，但晚上不吃薑，否則易躁，影響睡眠品質；四季皆忌吃冰；秋天宜用蜂蜜泡溫水以一比五量，於清晨飲用。

## （六）健脾功能

老年人脾功能退化，較虛，所以咀嚼功能減弱，胃消酶 ( 唾液 ) 減少，腸胃蠕動減弱，因此在飲食上，可多吃山藥薏仁芡實粥、紅棗、牛肉及四季豆；此外，還可經常按摩身上的脾經，以及好好吃飯、好好睡覺、不生氣、多運動，以回復脾的功能。

# 我的優質人生從退休後開始

## （七）改善病痛

當有病痛時，可先按摩穴道改善，因為藥物也多少具有副作用。當感冒時多按百會、太陽、風池、迎香、合谷及湧泉穴；而中暑的急救，就要按百會、太陽、人中、曲池、內關、合谷、足三里及湧泉穴：脹氣時，要按攢足、內關、合谷及勞宮穴；當不斷打哈欠時，那是因為體力透支，腦易缺氧，容易導致中風，所以此時切勿劇烈運動，而是要讓心平靜下來，看情形就醫。(謹註：婦人懷孕時，忌按合谷穴。)

## （八）預防跌倒

老人容易跌倒的原因有五，包含下腹肌群衰退、雙腳站姿重心提高、運動神經（知覺神經）遲鈍、掌控平衡的小腦神經退化，以及視覺與反射神經遲鈍。所以下樓梯腳尖要先著地；上樓梯腳尖先上，膝蓋微彎，身體不可向前傾。內側肌群是人體第二心臟，建議日常要多做抗阻力性運動。

老師常說，運動不是只有練肌肉而已，重要的是要刺激產生肌肉激素，調節身體機能，使人體能避免疾病的產生。也就是藉由運動，來增加體溫，增強免疫力。所以上課的第二小時，老師會教我們一些養生的操練。每當老師藉《小蘋果》歌曲教導我們做投球、運球等動作時，雖然大家都是六十歲以上的老

人,但是個個都像小朋友般地手足舞蹈,非常活潑,大夥兒就在一片歡愉中快樂的學習。

「逆齡抗老」課師生聚餐合照

### 《小確幸》

1. 經常按摩穴位,可神清氣爽,神采奕奕。
2. 懂得一些穴位,於旅遊有人不舒服時,可適時協助按摩緩解。
3. 聽周老師的話,不再吃冰冷食物,於健康有益。

# 四、充實心靈食糧

**有**許人離開職場以後，會發覺過去身分地位的光環突然消失，很不習慣，甚至悶悶不樂，致健康狀況亮起紅燈。台北市每年都會舉辦老人健康檢查，其中有一項就是要了解是否有憂鬱症，我想這種疾病應該是許多老年人會產生的狀況，所以心靈健康非常重要，我也就特別注意。

## （一）我愛家人

家庭和諧，對家人的健康，是一帖良藥。我在職場擔任主管職務，所以退休時，就告訴自己，要把管理的心態，轉換為關心與愛，好好的來照顧家人，所以退休後我特別重視家庭的經營。

### 1. 好好先生

外子大我幾歲，他為人敦厚，品德修養一級棒，是公認的好好先生。我們在家裡，家事沒有分工，而是誰看不慣，誰做，當然還是我看不慣的時候居多。我和外子心裡想甚麼，通常都會說出來，有事的時候就提出來討論；當兩人一方有病痛時，就會相互的陪伴照顧；有時買對方喜歡吃的東西，或是有缺的

衣物，相互致贈；又如家中有人生日時，我們會找一餐廳外食慶祝。在家，外子也是我的心靈導師，他有學廣論，所以特別會用佛學的故事來讓我領悟；當我為了不如意事傷心難過時，他會以佛家的話來安慰我，所以我倍感幸福。但是我們之間也會有意見相左的時候，我是急性子，又愛整潔乾淨，過去有爭執或不愉快，我會馬上一臉的不高興，現在退休了，脾氣沒了，就不講話，默默地去把事做好，所以我們現在沒有出現過衝突的場面。

## 2. 女兒貼心

我有兩個女兒，都已結婚，很高興她們婚姻生活都很美滿，但迄今未有孫子女讓我抱抱，是項遺憾。大女兒女婿住新店，女兒在公家機關服務，最近請調至士林服務，理由是希望能常回家看爸爸媽媽。她每次回娘家，總是大包小包的帶些東西回來，很窩心。平常有空時女婿就會帶我們一起出去旅遊。我婆家在台中，是個大家庭，今年的清明節，輪由我準備祭拜的牲禮，因為我的車齡已逾 10 年，且攜帶這麼多祭拜品去搭高鐵確實不太方便，女婿得知即專程開車帶我們到台中，讓外子和我很感激且感動。今年大女婿獲選為模範勞工，全家都很高興，皆引以為榮。

二女兒女婿住台中，都在學校教書，每天為教學及研究工

# 我的優質人生從退休後開始

作繁忙，因為工作緣故，比較少回台北，但她們並沒有因為忙碌而忘記我們夫妻倆，時常來電問候，我們也常會致上我們的關心。每逢佳節女兒就會郵寄禮品，並送上祝福。而我們到台中，他倆還是撥冗熱誠的招待。因為公婆已不在，我們近年較少回台中，所以我們都很珍惜每一次見面的機會。

我們母女很有話聊，她們的家庭生活點滴，或是在辦公場所發生的高興或不愉快，我就是她們傾訴的對象，我會用人事心理學的方法輔導她們，也教導她們用感恩及寬容去對待身邊的每一個人，所以我是她們的心理導師。女兒知道我愛漂亮，所以常買保養品、衣物、鞋子、耳環及皮包等給我，讓我感覺女兒好貼心。

### 3. 我是兒寶

兒子未婚，住家裡，他服務公職，每天勤奮的工作，一面還在唸博士班。以前他上學的時候，我們最常講的話題是「今天和同學處得如何？有沒有很高興的事要和我分享？」，現在他一面工作，一面讀書，我們的話題就圍繞在「工作上有沒有得意的事要分享？」以及「身體健康是唯一喔！要注意」，以及「我能幫上甚麼忙？」。

兒子喜歡美食，也很貼心，平常和同事或朋友去吃美食，他覺得很不錯，就會找時間帶我們夫妻倆去外膳。台北天母有

一家 P.S.Bu Bu 餐廳，供情侶坐在小汽車內用餐，很羅曼蒂克，兒子也帶我去開洋葷。退休後第一年的母親節，那時兒子說我的洗衣機老舊了，退休了要輕鬆些，於是問他姊夫應該買哪個牌子比較好，經過一番討論，他就上網購買幫我換掉洗衣機；又我在職時用的是公務手機，退休時必須返還機關，想說退休了沒甚麼重要電話需要聯繫，因此就換個 0 元手機，然使用不到一年，手機經常卡卡，有天，我打了個電話告訴兒子我想要買新手機，但我不懂甚麼比較好，請他下班後和我一起去看看，他馬上答應，於是我們約了地點，母子一起到手機店，他向店員洽談又測試了手機性能後，他隨即掏錢付款，讓我感動的泛淚並抱住他，店員看到這一幕，感動得馬上說「是要買給你媽媽，那就少 200 元」。這一齣戲沒有預演，卻真真實實的上演，我畢生難忘。去年他兩次因公出國，回國時總不忘幫我帶個禮物；最近他知道我不會用牙線剔牙，就上網買了一部沖牙機送我，還教我如何使用，他真的很細心，也很貼心。

　　同學光明送我兒子一部投影機，所以現在每個周末，兒子會選定一部好片，外子和我就到他房間一起看電影，共度親子時光。兒子是印度開悟心理學家奧修迷，所以常建議我去參加禪修，也希望我去學習氣功。聽說參加禪修很辛苦，但收穫很多，俟有適當機會，再去體驗那靈性成長的奧秘；而氣功部分，我曾學過，也曾去聽台灣大學教授李嗣涔的「氣功的科學觀及

# 我的優質人生從退休後開始

保健原理」演講，有些概念，現已報名參加氣功課程，由於剛剛開學，期望一段日子後能體會出氣功的威力，讓身體更康健。

## 4. 感恩老天

去年我的生日，孩子們說媽媽七十歲是大生日，為了讓我高興，就訂好餐廳，並邀我的姊妹、姊夫以及兩位弟弟、弟媳一起來為我慶生，讓我過一個好特別、好快樂的生日，這種喜悅，不是言語所能描述及形容的。

每個父母養育孩子都付出很多，很辛苦，但那是甜蜜的負擔，並不會想到要回報。以前我看到電視上的一些吸毒、不肖行為或弒親的新聞，我都會向我的孩子說「謝謝你」，因為他們沒有變壞。我的小孩子就這麼懂事，這麼純真孝順，我們夫婦的辛苦沒有白費，也很感謝上蒼給我這麼美滿的家庭。

兒女們為我慶生

# 我的優質人生從退休後開始

## (二) 我變聰明了

退休後，可能年紀關係，也褪去了職業光環，另方面也不再為工作煩心，所以我在價值觀上、做法上有某些調整，可說更愛自己了。

1. 較少埋怨：過去我很好勝，稍有不順心，或孩子沒有回應我的要求時，就會難過得吃不好，睡不好，甚至有時會發脾氣，可說得失心很重。退休後，這種情形改善很多，遇事的感覺比較不一樣，會覺得自己努力過了，結果不如人意，就順其自然吧！也許水到渠成，會有好運也說不定。就因為這種想法的改變，我不高興以及抱怨的情形就比較少了，心裡也穩定踏實多了。

2. 減量哲學：在職時，想要的東西會亂買，尤其衣服，更是喜歡就買，同事笑我說，我對台灣的紡織業有貢獻。就因為這樣，家裡衣服太多，衣櫃的吊桿已斷過多次，但出門時還是找不到合適的衣服穿。退休後，因為退休金只是原來薪水的六成，以前是購物愉快，現在要節約使用。退休後最常穿的是運動服，但過去一些價格昂貴的衣服也捨不得丟，所以我全部拿出來做個總整理，重新搭配，舊衣新穿，還是有穿出自己的特色。而家裡原有堪用的東西就繼續使用，不堪用的就回收，家裡持

續清倉，等缺了再添購，不再把東西堆滿整個屋子。

3. 更愛自己：看網路說，當喜歡投資健康，表示老了，一般人把它當一句玩笑話，但這觀點，對我來說，它是正確的，因為退休後要更愛自己，生病是沒有代理人的，只有靠自己維護健康，才能過有品質的老年生活。所以我除了把家裡整理得煥然一新外，還買竹炭纖維溫熱毯，與外子輪流使用，另對於健康食物，我買天麻、辣木、膠原蛋白、合利他命、螺旋藻等等健康食品食用，當買則買，這是退休後的觀念改變之一。

4. 更愛思考：說真的，過去上班已感疲憊，下班一回到家，還要煮飯，實在很累，所以會想找時間休息。退休了，時間有了，開始花腦筋，菜怎麼煮比較漂亮又好吃？麵要怎麼煮才不會糊掉？水煮蛋要怎麼煮蛋殼才不會破又好剝？家裡要怎麼整理規劃會比較整潔清爽？廚房及浴室怎樣才能維持乾淨？……，心動以後開始有行動，所以我試驗各種方法，然後再回頭看看我所做的成果，很有成就感，有時還會自誇「我變聰明了！」。

## （三）補充心靈雞湯

我很喜歡聽演講，因為那是演講者個人的專長，而且花了

# 我的優質人生從退休後開始

很多時間整理出來的結晶，所謂的台上十分鐘，台下十年功，非常寶貴，所以只要有時間，有機會，我都會參加。

### 1. 藝文活動

　　中國石油公司設有退休人員協會來照護退休人員。在我退休後的第三個月，友美夫婦發起每周三上午到退休協會一起看益智影音節目，名為藝文活動。經此呼籲，同好者 10 人參與。

　　活動於 2016 年 4 月份開始。所看之影音光碟由友美夫婦提供，內容包括傅佩榮《易經解卦》、蔣勳《藝術及美學評論賞析》、中國歷史專輯、羅胖子的《邏輯思維》以及曲黎敏的《黃帝內經智慧養生》等。節目都很有內涵，很精彩，有水準，大家都很專注地聽講，中間休息時間還會提出討論，或分享心得，是一個很棒的活動，所以參加人員都很有興趣，很少人會請假。

　　聽畢，中午我們會一起買便當在協會用餐，或一起到餐廳小聚。這樣經過了四年，我們成了感情深厚的小團體。目前因該協會大樓整修而暫停，俟修復完成將再繼續。

藝文活動實況

# 我的優質人生從退休後開始

## 2. 詩詞解說

每年暑假 7-8 月，馬叔禮教授會在每周二、四的下午，於中正紀念堂舉辦一系列的中華之巔 - 古文詩詞講解。欲參加聽講人員至少需提前一個半小時就到場索取號碼牌，時間到再依序進場，找位子坐定後，先聽聽蘇東坡的《念奴嬌》或李白的《將進酒》等詩詞吟唱，二時整馬教授才會上台演講。

演講場面布置素雅，引言人會說明馬教授課程安排，近期將要舉辦的活動內容，以及聽講注意事項。由於馬教授具備深厚文學素養，講解詩詞，深入淺出，內容豐富，無比精彩，一上臺全場即鴉雀無聲，很多人俯首抄筆記，有些人專注地聆聽，絕無冷場。

參加中油藝文活動的一些成員們幾乎場場報到，如有因事未克到場者，其他成員就會以筆記分享，充分展現我們團隊學習的精神。

## 3. 心靈饗宴

前已述，我喜歡聽演講，以充實自己，只要有適當機會，我都會把握。平時在家裡，電視上的《揚州講堂》，以及人間衛視的《當代生活講座》，有空我就會看，內容很豐富，每個講者都說得很精采，也都各有其獨到之處。退休後我參加過兩場比較特殊的演講，到現在言猶在耳，記憶猶新。

## (1) 氣功保健

2017 年 6 月 14 日，Francesshao 邀我去台北市立圖書館 8 樓視聽室，參加由泰山文教基金會及人間電視公司所舉辦，敦請台灣大學教授李嗣涔演講「氣功的科學觀及保健原理」。當天下雨，但聽眾非常之多。演講內容約略以 :1988 年，在國科會的支持下，李教授開始從事中國傳統氣功的研究，經看了一些文獻，並靠著練功時的氣血運行，終於得以使身體內氣流竄。經這樣地親身體驗後發現，以「調息」、「調身」及「調心」的方法，來讓身體進入「共振態」或「入定態」，可達到強身保健的效果。

這次的演講內容提高了我要再度學習學氣功的興致。得知士林牧愛堂有此課程，去報名兩次皆因滿額而未果，本年度很榮幸的報上名並在疫情緩和後開始上課，我對於李教授所述內容與效果，很期待能得到印證。

## (2) 彼得大帝

好友季芳與我喜歡聽演講的興趣相同。今 (2020) 年 1 月 13 日，他邀淑真和我三人前往雅痞書店，聽取歷史旅遊講座，演講題目為《< 俄羅斯風華千年 > 進擊的北方帝國》。主要內容講俄羅斯從基輔羅斯到 20 世紀紅色革命的過程暨彼得大帝如何力行改革，以使俄羅斯走向現代化的歷程。我們很認真的聽講，

## 我的優質人生從退休後開始

也抄了筆記。以後如有機會前往旅遊,再與實際景物對照,應該會有更多的領悟。當天我們叫餐先吃後聽講,餐點特別,氣氛甚佳,非常愉快。

與季芳、淑貞在雅痞書店合影

### 4. 用賴網遊

迄至目前，在網路 Line 上出現我參加了 61 個群組，425 個朋友。事實上較常聯繫的約有 20 個群組，50 個朋友。每天跳完讚美操，做完家事後，我會上網看 Line。

我很感恩 Line 的發明人，因為有了這個管道，我把一些久未見面的朋友都加進來，要聯絡甚麼、想告訴對方甚麼、朋友發生甚麼事、約定如何見面、有甚麼要分享 ...... 等等，都可以透過這個介面來溝通聯繫；也可以分享一些影片或訊息，人在家裡就可以知道很多事，所以有這個網絡真好。我經常看到一些影片，忍不住哈哈大笑，或跟著影片一起掉淚，並與外子分享這些喜怒哀樂。在我生活中，它已經占了很重要的一部分。

當然這個介面也有它不足的地方，例如看久了傷眼，也有很多不實的訊息會被誤導，所以我會選擇性的閱讀。群組的資料或影片，非關個人事項，為了避免蓋到重要資料，我通常已讀不回，也很少去上傳；而朋友給我個人的訊息，就是每天溫馨的問候，我都一定會回復，以答謝有想到我的朋友。

新冠肺炎疫情爆發期間，為了避免疫情擴散，所有的上課都通知暫停，現在疫情稍緩和，又陸續恢復上課。際此期間的聯繫事項，都須藉由 Line 做為溝通的橋樑，非常方便。

我也會上 facebook 看朋友分享的資訊，並按「讚！」來支持友人，但它是屬於公共園地，所以我較不喜歡於此做太

多的分享，截至目前，僅 po 出參加兩次的書法聯展朋友來捧場的照片。

## （四）田園樂

有了年紀，多跟大自然接觸應該是一個很好的選擇。我曾經在《越哥說電影》內看過日本畫壇仙人 - 熊谷守一，住在那個花團錦簇，蟲鳴鳥叫、花木扶蘇的大宅院，每天優游其中，實在很羨慕，難怪他靈感源源不絕，可以把畫畫得如此溢滿童貞，把字寫得如此樸拙與特別，我更加確定自然環境的薰陶，足以影響人的心境與修為，因此就更加喜愛大自然了。

### 1. 與花木對話

我認為居家環境整理乾淨，對家人身體健康有很大的幫助。因為我家已老舊，但離都更尚早，所以在退休後的第一個月，趁領有公保（我未領退休公務人員優惠存款）的一筆款項，就請師傅將家裡的廚房、衛浴設備及電燈照明全部更新，這個想法是認為有了年紀，居住環境不在豪華，而在於乾淨舒暢，經過這一番的整理，果真氣象不同，家裡明亮整潔多了。

我家有一個 16 坪的花園，種植了桂花，含笑花，茶花、臺灣扁柏、曇花、仙丹花、茉莉花、七里香，桑葚樹、神秘果、小柑橘、蘭花、孤挺花、長壽花、麒麟花等花木，還有白鶴靈芝、

魚腥草等中藥草，去 (2019) 年的聖誕花迄今未凋謝，近日女兒又搬來鳳梨花及繡球花，使整個花園更添繽紛。

花園由我們夫妻找時間共同整理，花木都高大茂盛，與外界似另築起一到高牆，阻隔了外面車輛經過所產生的廢氣，讓庭院的空氣更加新鮮。之前二女兒從美國帶回來的兩隻吉娃娃狗先寄養在家裡，每天就喜歡在寬敞的花叢裡鑽來鑽去，女兒說他們很少這麼快樂過。花園裡曾栽種一些果樹，但成效不彰。番石榴結了許多果子，總是讓果蠅叮滿並長蟲，記得有一天鄰居告訴我，他採了我家的番石榴吃，又甜又香，因為他已吃了，所以我不好說「那長滿了蟲」。後來實在是受不了蟲害，所以乾脆砍掉改種福樹及酪梨；桑葚就不一樣了，鄰居的小孩子學校要養蠶時，都是來我家採桑葉，桑葚成熟時，我們會採集，做果醬分送朋友，很受歡迎，但今年不知道是否因氣候的關係，還是桑葚樹已老化，沒長幾顆果子，有些失望。

花園裡每當花開時節，我們會和花對話，感謝它們盛開，讓我們聞到撲鼻的香味，也欣賞到它們綻放的美麗花朵。如果當天沒有上課，我早上去跳讚美操回家後，天晴的話，第一件事就是打掃庭院，然後將衣服、枕頭等放在庭院讓太陽曝曬，我認為太陽曬過香香的味道，有助睡眠，對健康有益。而家裡的洗米水、洗菜水，我都拿來澆花，一方面訓練自己的負重力，另一方面節約水資源。

# 我的優質人生從退休後開始

　　總之，這花園帶給我家人很多生活情趣，也對我們身體健康有很大的幫助，滿滿的感謝 !!

我家花園處處繽紛

## 2. 天然ㄟ尚好

　　我家小妹在內湖有一塊地，種滿了各類蔬果，星期例假日，外子常開車帶二姊和我一起去拔菜。這地方是一畦畦的菜園，有許多農家種著各式各樣的菜類，當我們走在田埂路過他們的菜園時，都會親切的打招呼；由於這附近都是菜園，且他們都是有機種植，所以空氣非常清新，走在田埂上，無比舒暢。

　　家妹依據時節種植當季蔬菜，蘿蔔、小黃瓜、芹菜、大白菜、韭菜、絲瓜、花椰菜、高麗菜、玉米、百香果、番茄等等都是她的最愛。由於是有機種植，不灑農藥，所以不了多久就雜草叢生，而且會長蟲類。我們去菜園，除了拔菜外，也會協助清除雜草，在冬天還好，夏天則會汗流浹背，更可感受農家的辛苦，所以之後到菜市場買菜，不會想要講價，而很漂亮的菜也不大敢買。

　　每次從妹妹的菜園總是帶回滿滿的蔬果，很感謝妹妹分享她的辛苦成果，讓我們能吃得更健

在田園裡拔菜

# 我的優質人生從退休後開始

康。每年冬天，絲瓜生長季末，妹妹就會在砍除絲瓜藤時，留下絲瓜水，然後分送二姊和我，作為每天使用的化妝水，清新無味，擦起來清涼舒適，我們都會說「天然ㄟ尚好！」。

《小確幸》

1. 家人健康，和樂融融，最幸福！最滿意！
2. 身、心、靈都得到滿足。
3. 常聽演講，擴充了知識領域。
4. 有了網絡，朋友都聯繫上了，真好！

# 五、戰勝病魔

**退**休後我曾腳痛四處求醫，最近也因視力不佳上醫院求診，這兩次的病痛，讓我有深深的感觸，因此希望做個經驗分享。

## （一）巧遇貴人

退休後我去士林長青大學（老人中心）想報名參加體適能運動，然已滿額，於是參加快樂健康操那一班。上課時，老師很認真，把我們當年輕人一樣的要求拉筋，跳舞操練，也有藉著腳底滾輪按摩湧泉穴位等，內容很多，我一一照做，可能太認真，又不得要領，所以產生了運動傷害。

事情是這樣的，第二學期開課沒多久，我坐著站起來要走路時，腿經常無緣無故的疼痛，但站起來走一下又好了，起初不以為意，後來因為有和外子報名參加大陸九寨溝旅遊，在外子催促下，就去陽明醫院看中醫，希望趕快好轉，以便出遊，但診療幾次未見起色，快樂健康操的課就沒去上了。

一位書法課同儕介紹我前往天母附近的某家知名診所就醫，醫師幫我照 X 光，但看不出所以然，就安排我做復健看看。經歷約一個多月，也換了幾位不同的醫師，都是叫我做復健，但

# 我的優質人生從退休後開始

復健越做越糟，到後來每次復健完，如果外子沒空來接我，就要走走停停，拍拍腿，再繼續走到可叫到計程車的地方搭車，本來約 3 分鐘的路程，我要走 20 分鐘以上。而這段期間，又因為吃了太多的消炎藥，身體不適，嚴重到區域醫院掛急診。此種情況，醫生也束手無策。

這期間同學退休的聚餐，以及植物園的健行活動，我也勉強參加，但腿痛走走停停的樣子，朋友看了都不忍。很不巧，這時有一顆牙齒斷了一半，真是屋漏偏逢連夜雨，本來外子要送我去搭捷運，然後陳醫師再到捷運站口接我，但我連最低的階梯都跨不上去，所以每次看牙齒，外子都必須親自接送。

我腿痛狀況越趨嚴重，這位書法班同儕又說：「妳要給院長看才對」，於是我又掛該診所院長的診號，院長看了，說我腳鈣化，必須自費震波醫療。當天震波一結束，我連走路都產生困難，外子只好背我搭車回家。回家後疼痛得飯吃不下，上個廁所都是扶著牆壁慢慢走。就這樣熬了一個晚上，第二天我決定再回去找幫我震波的醫生，告訴她的震波致我產生如此狀況，要如何是好？她聽了以後要我再給院長看一次，也許有不同的處理方式。當天我再掛號，院長即要我第二天到中山醫院照 MRI，照完後當天就將片子拿到家裡附近的醫院給醫生看（院長兒子開的醫院）。這位醫生看完後說我脊椎第四及第五節滑落，為避免開刀，可用打針醫療，一針二萬元，一次必須打二針，

我問有幾成把握，醫生說大概七成，要打完第八次以後才能得知結果。我聽後感到疑惑，回家後又以 Line 告知朋友，這次有 2 人回復，一個同儕要我去大醫院再看看；另一個就是我的攝影李錦昭老師推介我去給知名神經外科莊醫師診療。

眼看前往九寨溝時間僅剩一個星期，這時的我實在沒有辦法一起去旅遊，本來外子也想一起打退堂鼓，但我想九寨溝我去過，且兩人都不去不好交代，所以請外子一個人去參加。對於朋友的推介，首先照朋友的說法去我家附近大醫院掛骨科主任的診號，當時是坐輪椅去的，醫師聽我說了病情並看 MRI 光碟後，堅持要我再照一次 X 光。他看了 X 光片後就說必須動手術，費用自費 40 幾萬，健保對半，經過一番考慮，我表示願意自費手術，接著也去辦好住院手續。

回家後想想，還是讓神經外科莊醫師再看看，於是隔天一早，兒子帶我去就診，小小的診所擠滿了病患。輪到我時，醫師要我做些舉動讓他判別我是哪裡出了狀況，又看了我的 MRI 光碟，直言我的脊椎很正，並無滑落現象，我是屬於神經方面的問題，復健對我來說是反效果，他有七成把握不用開刀，於是幫我打了針並開了一星期的藥，且教我如何運動翻轉病情。我回家後一一照辦，第二星期回診時，病狀好了許多，連醫師都感到驚訝，看了四次，總共花了六千元，病情康復，實在幸運。

這次的病痛，折磨我將近三個月，過後有重生之感，也充

# 我的優質人生從退休後開始

滿感恩之情。首先，很感謝我的貴人李老師，要不是他的推介，如果我去手術，白白挨一刀，術後的修護，可能又是一大工程；再次，真的很感謝莊醫師的醫德及高超醫術，讓我回復健康的狀態；第三，很謝謝周遭的熱心朋友，不斷地關心我，幫助我，讓我在生病時，常常感受到溫暖的關懷；最後很感謝我的家人，就是你們的照顧，我才可以這麼快痊癒。

## （二）近視惹的禍

在職時，我有近視但度數不深，所以開車才戴眼鏡。退休後已少開車，認為不戴眼鏡也沒有影響生活，所以這幾年就不戴了。去年老人健檢，檢查結果右眼視力不佳，前往眼科複檢，醫師認為眼睛沒有問題，只要每天點點藥水保養就可改善。

最近又感覺看電視最底下的字有點模糊，於是就去家裡附近的眼科診所就醫。這位醫生一看，說是白內障，必須開刀手術處理，我稱「再考慮」。因為我回想，去年底才看眼科，醫生說沒問題，怎麼經不了幾個月就變得如此嚴重，有點不解，回家後打電話問曾去那家診所手術白內障的朋友，據告，這醫生認為有些微的白內障就會使用手術治療。

為了確認白內障程度，我另找一家診所的眼科再看。這位女醫師聽我說明原委，就檢查得非常仔細，她說：「妳是有輕微

的白內障，通常這種情形並未響到生活，所以尚未有人因此就動手術。妳並沒有老花眼，之所以看不清楚，是因為妳有近視而不戴眼鏡的緣故」。我回家後把眼鏡拿出一戴，果真清楚許多，只是太久沒戴，有點不習慣而已。

為了雙眼靈魂之窗的健康，我現在每天早、中、晚於眼睛周邊穴道輕輕各按摩 120 下，並練習眼球的上下左右的多方轉動，期望能有所改善。

## （三）勿入誤診區

我曾看過一些報導，說人們稍有不適，就喜歡看醫生，現在的醫生多很專業，也很有醫德，但有些或許有績效的壓力，或缺少經驗，故多藉由機器的檢驗數據來做病情判斷並開給藥物，或作為手術的依據。手術這種侵入性的治療，應該審慎；而所有的藥物都是毒藥，都有它的副作用，如果在不斷的檢查（吸收輻射劑量）以及不斷的吃下藥物，人的身體就越趨衰弱，結果就真的生病了，這值得審思與注意。

我對於醫學純屬外行，但腳部神經痛以及疑似白內障的兩次就診，給我一些警惕，讓我深深覺得要做正確的運動，要多保養預防，如真有病痛，當然還是要就醫診療，但一定要找對醫生，才可對症下藥而痊癒。

# 我的優質人生從退休後開始

1. 感謝上蒼,讓我回復健康!

2. 能體會生病的無奈與難過,也因此更具同情心。

3. 身體有病痛,切勿衝動,最好多看幾位醫生確定後再做
   處理。我很幸運,總是有貴人在我需要的時候幫助我。

# 六、養生小祕方

　　自從嚴重腳痛傷癒之後，我更感平日身體保養之重要。養生不應只是吃補品，我認為需要從不同面向去著手，去維護，於是開始檢討我的生活細節，找出不合符健康的情節，去做改善的起點。

## （一）晨間暖身

　　我之會有運動傷害，暖身運動不夠應是原因之一。所以我每天早上一睡醒，不急著起床，而是先全身按摩及運動。我的暖身運動是這樣做的：

1. 臉部循環：兩手掌搓熱後兩手在臉部一上一下以陰陽方向來回輕搓，共搓 36 下，以促進臉部循環。
2. 刺激耳朵：以雙手分別拉耳朵耳垂各 36 下，以調理臟腑，養生保健；又因為我長年的耳鳴，所以會鳴天鼓，在搓揉耳朵之後，再以雙手的手心掩住雙耳，並以兩隻手的手指輕敲腦後的枕骨，以產生對耳部的刺激，期望降低耳鳴情形，且增強記憶力。
3. 頸部按摩：我看到許多人因有了年紀造成頸部鬆垮，臉部也跟著下垂，因此有了俗稱的「雞脖子」，一看馬上

顯現年紀，所以每天早上我會兩手由下而上，在前面的頸部兩邊交叉各輕輕按摩 36 下，以緊緻頸部肌膚。

4. 抓極泉穴：極泉穴在腋窩處，所以我將右手舉起，由左手指腹抓腋下的極泉穴 36 下，後換左手舉起，右手指腹同樣動作 36 下，以強化心臟功能及預防腦血管疾病。

5. 搓膻中穴：這是「逆齡抗老養生」課程周金龍老師所傳授的養生方法。膻中穴在兩乳之間，胸骨中的線上，我照老師所教，於膻中穴來回上下按摩 100 次，其目的在活血通絡、清肺止喘、舒暢心胸。

6. 按摩腹部：在腹部神闕的穴位周圍，右手在下，左手在上，兩手重疊，由小範圍慢慢擴充較大範圍，順時鐘方向畫圓 36 次；設若有腸胃不適，則以逆時鐘方向畫圓 36 次，以減肥並保護腸胃。

7. 敲氣海、關元及中極穴：氣海穴在神闕直下 1.5 吋，關元穴在神闕直下 3 吋，中極穴在神闕直下 4 吋，這些穴位都在下腹部，所以我每天早上用右手空拳輕敲 100 下，以強健泌尿生殖系統。

8. 擊鼠蹊部：鼠蹊部位於腹股溝處，也就是雙腿根部。此處有血管、淋巴管及神經通過，是上半身與下半身的交會點，所以我用手刀敲打左右髀窩 36 下，讓血液暢通，以避免腳部浮腫等問題。

9. 強健腳部：雙腳支撐全身重量，距離心臟最遠，所以血液供應易較不足，因此有老化從腳開始之說。為了加強腳部循環，一方面也等於跳讚美操前的暖身運動，所以我根據吳興鏞醫師所推薦的《王東原將軍腳部運動》文章內所述，每天做「拐」、「蹦」、「蹬」、「抓」四個動作，各 64 次。這項運動，必須在睡醒起身前做，而且需要有恆心，不間斷的做，會有意想不到的效果。我已經做了快 20 年，覺得體力、腳力都不錯。這四個動作的重點如下：

   (1) 拐：此動作在強化裸關節，其做法為平躺，兩腿伸直，兩腳自然併攏，兩腳腳尖分別向外拐，再同時向內合併，做 64 次。

   (2) 蹦：此動作在強健雙腿肌肉，其做法為平躺，雙腳腳尖向前平伸，使腳尖與小腿蹦成一條直線，再往後拉，盡量使腳尖與小腿蹦成 45 度，兩者合併算一次，共做 64 次。

   (3) 蹬：此動作運動量較大，旨在鍛鍊心肺功能、增強腹部肌肉，修護腰椎病症，以及增進腸的蠕動。其做法為平躺，兩膝彎曲，兩腳抬起，然後用力蹬出去，做 64 次。

   (4) 抓：此動作是腳自己在按摩整個腳掌，其做法為平

躺，腳趾盡量叉開，像手一樣的向外抓並畫圓 64 次。

10. 敲委中穴：前面的運動我都是睡醒後就開始做，等那些運動都做完了，再坐起來，兩手輪流握拳用大拇指指節處敲打兩腳後凹處之委中穴各 36 下。據說這可改善腰酸背痛，而我認為有恆心的做，小腿比較有力量，之前走路腳會痠軟的情形有大大得到改善。

11. 梳頭；頭部有許多血管、神經、穴位，所以我用木梳子由前往後梳 36 下，由左往右 36 下，由右往左 36 下，類似梳一個「田」字，共梳 108 下。如果有某部位比較痛，我就在那部位多梳幾下。梳完後整個人感覺神清氣爽，頭腦特別清楚。

12. 用頭寫字：退休後外子曾拿一本經絡的書給我看，其中有一項就是將頭部當毛筆來寫書法，不但可使書法進步，也可使頸部靈活，使頭腦更清醒，所以每天早上我就會用頭寫「生日快樂，健康幸福」八個字，真的還不錯，整個人有精神多了。

每天早上我睡醒就開始做上述十二種按摩或運動，需時約 30 分鐘，後我下床，先用鹽水漱口，再調一杯蜜水喝，然後出去跳讚美操。這樣不但已有暖身，可避免運動傷害，且神采奕奕，讚美操跳起來更到位了。

## （二）簡易食療

為了家人健康，我喜歡用少油少煙的安麗鍋烹煮食物，且水果及菜類的顏色越多越好，幾乎不吃油炸類，也不太吃生冷食物。除了這些原則外，我有幾項特殊的食療方式，在此提出分享：

1. 特殊早餐：前一天晚上我就煮好十多種穀類混合的稀飯，放在悶燒鍋，隔天早上仍溫熱。早上再煮水煮蛋，每人一顆。我煮的水煮蛋很特別，水未燒開前先將洗淨的蛋用這鍋子的水先溫熱，等水燒開後蓋子打開讓氯等雜質揮發後再將蛋放下去煮，約 1 分鐘後火即關掉，等 15 分鐘後取出食用，如此蛋不會破，而且蛋黃不會乾乾的，非常好吃。多種穀類稀飯吃時，先以芝麻粉、黃豆粉及膠原蛋白粉沫攪拌，再佐以堅果 (核桃、杏仁、松子、花生) 等，有時也會製作涼拌小黃瓜佐膳。

2. 簡單餐點：我們著重營養，但烹調方式越簡單越好。所以我經常煮蚵海鮮粥、鮭魚稀飯、排骨蓮藕加菱角薏仁粥、南瓜米粉稀飯淋上肉燥等等簡易餐食，另外炒個青菜，這樣營養又好吃，也讓我不在吃的方面花費太多時間。

3. 特製飲料：家人大部分都是喝自來水經過濾後煮的白開

水。我也常將自家花園的魚腥草或白鶴靈芝草熬水,加黑糖來做為飲料;抑或購買乾牛蒡熬水喝。由於我最近近視加深,所以開始用枸杞泡熱水,水喝完後連同枸杞渣一起食用,期能加速眼力的回復。

4. 美味點心:我最拿手的是紅麴米糕和煎紅薯餅。紅麴米糕顏色漂亮,又很爽口,每次帶去家庭聚餐,兄弟姊妹會說「這道不許吃,我們要帶回家」。每當紅薯收成季節,我會請弟媳婦從南投幫我購買寄來,紅薯可水煮也可用煎餅方式,都是最佳美食,但因後者紅薯削好需磨成漿汁,再油煎,吃油且製作麻煩,最近較少製作。

## (三) 保健妙方

每個人幾乎都有自己的保健方法,但食補勝於藥療,以及食物勝於食品的原則,大體上應該是一致的。平常我喜歡看電視上的健康節目,上圖書館也會找保健的書來看,綜合這些專家的看法,我再依據自己的需求做養生方法的調配。現在我除了三餐外,下列的食物 ( 品 ) 都是我每天必吃的:

1. 辣木籽:我曾經於電視上看到的一個談健康的節目,說辣木籽可增強免疫力、排毒、抗老化等等許多的功效,是一個純天然的綠色食品,於是我就買來試試看,一天

吃四小粒，咀嚼後配以 350CC 溫開水，感覺自己的精神狀態等都很不錯。

2. 合利他命：合利他命強效錠是一種營養品，主要在舒緩人體的神經及肌肉系統所產生的眼睛疲勞、肩頸僵硬以及腰酸背痛的症狀。我曾經為腳部神經痛所困擾，雖已痊癒，但為預防再患，我每天於早餐後吃兩粒。

3. 螺旋藻：據報章雜誌報導，螺旋藻可抵抗輻射，可調節身體機能，增強免疫力，還有抗氧化作用，同時富含維生素 B12，可做為膳食補充劑，所以我每天吃 4 片。

4. 酵素梅加黑萊姆：淑芬送我的酵素，我一直有在喝。另最近到菜市場，看到商家賣酵素梅和黑萊姆，我很好奇，於是湊過去詳問，得知其作用主要在解決消化系統問題。因為我兒子常會脹氣，所以我買回後泡冷開水放置冰箱 24 小時後和家人一起喝，的確，在消化道毛病上有很大的改善。

5. 榴槤：榴槤很多人不敢吃，我家人也是，因為那特殊的味道確實難聞。但我在網路上查，榴槤有健脾補氣及增強免疫力等功效，為了使自己更健康，所以在榴槤的生產期，我經常購買，冷凍後分次食用。經過這幾年的適應，我認為榴槤口感還不錯，也漸漸喜歡它了。

6. 酪梨：據報導，酪梨低糖分，具有非常難得的優質脂肪，

且含有豐富的單元不飽和脂肪和多元不飽和脂肪，可降低人體低密度膽固醇，並能夠降低心血管疾病的風險。我參加老人健檢時，低密度膽固醇有點偏高，就因為酪梨具有這些功效，所以我經常食用，很少中斷，本地的盛產過後，我就吃進口的，期能增強抵抗力，改善體質。

## （四）用廚餘美容

愛美是人的天性，且人們常說，只有懶女人，沒有醜女人，所以我到了這年紀，還是喜歡把自己打扮得漂漂亮亮。漂亮，除了講究衣著外，皮膚的保養也很重要。平常我愛吃水果，愛喝優酪乳，愛喝酵素梅等，讓每天排泄順暢，應有助益。另方面，我會將一些廚餘再利用，作為我美容的小祕方：

1. 抹蛋白：因為家人早上喜歡吃煎蛋，蛋打開去掉蛋黃跟蛋白後蛋殼上仍留有若干蛋白，我洗淨臉部後就用此剩餘蛋白敷臉，10分鐘後再洗淨，如此可使臉部皮膚更加潔白。
2. 擦香蕉皮：家人吃香蕉以後的香蕉皮都留給我，我將其內面拿來塗擦臉部，10分鐘後洗淨，皮膚比較光滑有亮澤。

3. 塗絲瓜露：家人都喜歡吃絲瓜，所以絲瓜是我家常菜。
   絲瓜要煮時必須削皮並去掉頭尾，這絲瓜頭尾含有濃稠
   絲瓜露，我將其拿來塗抹臉部，感覺冰冰涼涼，很舒
   服，10 分鐘後洗淨，它具有美白的作用。

## ( 五 ) 悠哉的老人生活

以前上班我開車，退休後，我改搭捷運或搭公車。開車所
需費用較高，且停車相當不便，而在台北市區，生活機能相
當好，交通非常便利，所以就不自找麻煩，搭乘公共交通工
具，有 65 歲以上的老人卡，一定的次數內免費，沒有心理負
擔，甚至在車上可以觀察車上的人、事、物，或者看看窗外的
景色，享受悠哉的老人生活，很不錯的交通方式，也很感謝政
府的德政。

我退休後的生活仍舊很規律，只是做的事情不一樣。我學
習，我運動，我出外旅遊娛樂，還經常上圖書館去看書，經常
和三五好友喝下午茶，每天節目滿滿，很悠哉、很愜意，老年
生活如此充實，夫復何求？

# 我的優質人生從退休後開始

《小確幸》

1. 由於睡醒先做運動，不急著起床，可降低腦部處於低氧
   狀態所衍生之風險。
2. 暖身後運動，可降低運動傷害。
3. 養成「食療勝於藥療，預防勝於治療」觀念，讓自己更
   健康。
4. 健康是快樂的泉源，也是最大的財富。
5. 悠哉有品質的老年生活，是人生樂事。

# 貳、從學習中找到自信

　　我有一個寫了一手好字的父親，從前父親的服務機構 - 南投信用合作社的公務信封，都是由父親寫了樣本後拿去印製。基於仰慕，我從小就很喜歡寫字。大學開始，我養成寫筆記的習慣，老師所講的話，我都一字一句的錄製下來，這種習慣，到了讀研究所，仍未改變。這筆記，對我考試助益頗多，而當要期中期末考試時，同學也爭相複印參考，但也由於經常握筆，致使手指頭都變形，但從未曾後悔過。就因為對寫字的偏好，書法是我退休後花時間最多的科目。

　　為了希望毛筆字書寫更臻完美，最終能自成一體，所以我跟不同的老師學習；又書畫一家，為了書法能寫得靈活有神，所

# 我的優質人生從退休後開始

以我學插畫以及學畫梅花;復為了提昇自己的審美觀,培養更
多的耐心,我又學攝影。對於這些學習,我很認真,也很投入,
期望能有些微的成果,以開展自己的自信。

# 一、在毛筆字下功夫

**我**學毛筆字已超過四年，這期間我除了臨摹以外，也看了很多書法家的作品，以及對於書法的相關論述，漸漸地瞭解書法是文字、筆墨與情緒的總合體。最近朋友又傳來一些有關書法的影片，讓我感觸更多，也越覺得書法不僅是一門高深的學問，也是一項藝術，同時更是人格與性情的展現。

在談我如何學習書法之前，我先將書法的沿革略述。

## (一) 淺談書法沿革

書法是中華民族獨特的文化藝術，區分篆書、隸書、楷書、行書及草書五種。

依據史料記載，篆書又分大篆及小篆，所謂的「大篆」，就是距今 3 千年前殷商時期的甲骨文，以及周宣王時的《毛公鼎》497 字銘文；「小篆」則為秦朝李斯所整理推廣，相傳秦朝時期，還有鳥篆、蟲篆及蛇篆，因為書法不是具象的客觀事物，而是抽象的藝術，所以現在很少人寫了。

隸書也叫「古書」，秦朝程邈所整理，是在篆書基礎上，為應便捷書寫所產生的字體，繁盛於漢朝，魏晉南北朝時沒落，至清代又再度受到重視迄今。

# 我的優質人生從退休後開始

　　草書始於漢初，也是因為書寫便捷的需求而產生的字體，剛開始是「草隸」，也就是潦草的隸書，後來發展為具有藝術價值的「章草」，漢末張芝將其變革為字的體勢一筆而成的「今草」，唐代張旭和懷素又將其發展為「狂草」。

　　行書約在東漢末年產生，它介於楷書和草書之間，楷法多於草法，叫「行楷」，草法多於楷法，叫「行草」。

　　楷書始於東漢，又稱「正書」或稱「真書」，區分大楷和小楷。楷書的名家很多，有「歐體」(歐陽詢)、「虞體」(虞世南)、「顏體」(顏真卿)、「柳體」(柳公權)等等。

## (二) 與名家研習書法

　　書法蘊含的知識非常豐富，裡面有許多握筆姿勢、技法、章法等筆法技術、如何形成藝術以及如何鑑賞等知識，都需要透過老師的教導與示範，才得以窺其堂奧，所以學好書法，找到好老師是跨進門口的第一步。截至目前，我已跟過四個老師學習書法，這些老師給我不同的啟發與教導，所以都是我的恩師。

### 1. 楷書、隸書與篆書

　　2016 年 3 月，我開始參加士林長青大學 (老人中心) 劉登科老師的書法基礎班。劉老師原服務於蘭雅國中，在楷書及隸

## 貳、從學習中找到自信
### 一、在毛筆字下功夫

書方面造詣頗深，老師總是寫一些範本，供我們臨摹。所謂的「臨」，是看範本後照著寫；而「摹」，是將宣紙疊放在老師的範本上透視來寫。雖然我是初學，但我喜歡前者作法，我除了仔細觀察老師的運筆方式外，也會去圖書館找書來看，期望早日進入書法的世界。

劉老師的教學多元，對於新進學員，老師會個別一一教導；對於老同學，老師會一一指正需要改進之處。書法多寫詩詞，老師會先講授其出處及其意義，有時也會教我們唱詩詞。記得有一次老師教我們唱鄧麗君的《虞美人》(又名：幾多愁) 流行歌曲，還叫我們回家練習。要上課的前一天，老師在班上 line 群組內要求隔日上課要一一上台獨唱這首歌，我當時正在線上，於是很快的答覆"OK"，第二天上課，老師即說我第一個回復，應該是準備充分，於是叫我第一個清唱，整個過程還滿有趣。

劉老師教導內容，多在楷書與隸書。楷書，字的形體方正，筆畫平直，其筆法可分橫、豎、點、撇、捺、挑 ( 提 )、勾、轉折八種，就是所謂的永字八法。楷書多轉折，就是要慢，字體才會有勁道，用筆要渾厚，筆勢要豐富多變。一般學習書法，大部分多從楷書入手；而隸書是漢字中比較莊重的字體，它橫畫長而直畫短，型態比較寬扁，起筆用藏鋒，所以粗肥像蠶頭，行筆平穩、圓而有勁道，收筆輕微頓挫像雁子的尾巴向上提起，所以講究「蠶頭雁尾」，但一個字內的兩筆橫畫不能同時出現

# 我的優質人生從退休後開始

雁尾，也就是「雁不雙飛」。

懂得上述這些原理原則，但真正下筆時沒有那麼容易。我去上課初始，看到學長們個個都寫那麼好，很心急，於是在家不斷地練習，有時練習到太晚，寫寫打瞌睡，毛筆會從手中滑出去，這才收拾筆墨去休息。而每次練習時，我都會先拿給外子過目，因為外子善良，不想傷害我的自尊，如果他認為我寫不好，會「嗯……」的思考如何回覆我時，我不等他答覆，就會說「我再寫」；如果他很乾脆地回應「還可以」，我才會收筆。所以外子是我書法功課的評審老師。

書法的作用，在培養個人的修為與藝術美感，要達到這兩個目的，必須不斷觀察與練習。初學時，我很認真練習，但老師還是說我寫字沒力道。甚麼是力道，除了上述所說的「轉折要慢」以外，我觀察許久，始終沒得到答案。後來找書來看並上網去找，有幾種說法，有一個說法是要懸肘懸臂，用意不用力，以鬆、靜練習到心筆合一；另一種說法，是講要有方折或是有稜角，才可增加筆畫的力感；還有一種說法，就是要使用逆鋒筆法，才可顯現字的力度。綜合了這幾種說法，我先以半懸肘臂的方式，下筆時先採用逆鋒入筆，且在字的轉折處注意其稜角。過了約半年，有一天晚上，突然想起上星期的功課老師覺得我字寫太小，所以必須放大重寫一遍，於是準備紙筆開始做功課。好奇怪，當天晚上的功課寫得好順、好輕鬆愉快地

就完成，隔天早上拿給老師看，老師說我的字已經寫得有力道了。同學紛紛向我道喜，我說「我已經學一年多了ㄟ！」同學回說「妳不要太過分，我們已經學三年了，還抓不到那種感覺」。

　　我喜歡寫《心經》，剛開始的時候臨摹劉老師的隸書。劉老師所寫的隸書係另一種改良式的隸書，我寫了兩三次以後，把《心經》和佛教的卍字聯想在一起，認為應該寫篆書比較像寫《心經》，於是我就購買許瑞龍老師的範本，開始練習寫小篆。小篆字體結構呈縱勢，強調疏密，線條粗細變化不大，布白對稱且勻稱。我覺得這種字體具有古意，四平八穩，比較好寫，越寫就越有興趣。

　　我領悟到書法力道的關鍵在於輕鬆的使用起筆、行筆與收筆，以及筆鋒的運用後，開始寫詩詞作品，也開始參加長青大學的書法展。這樣經過一段時間的歷練後，我碩士班葉學長推薦我去參加廣東河源所舉辦的兩岸美術書法作品邀請展，因為當時離展出時間已迫近，所以將近期寫的《心經》一幅送往參展。展出當天，有盛大的開幕典禮，當地的重要官員多人出席，還一一的觀賞參展者的作品，走到我的作品時，還邀我一起合影，以彰顯其重視之意。當天下午舉辦現場揮毫活動，我寫了「心若不動，風又奈何；我若不傷，歲月無恙」的字句，主辦單位的主管覺得這很有意境，所以和我合影，並將作品懸掛於黑板上，讓我覺得那是一種榮耀。

# 我的優質人生從退休後開始

於作品前與河源黨部領導等合影

## 2. 行書與草書

　　跟劉老師學了近兩年後，研究所葉學長引薦我跟曾璽老師學習行書與草書。曾老師是清朝名臣曾文正公的嗣孫，長得很像前總統蔣公，夏天上課常穿唐裝，冬天則常著長袍馬褂或棉襖裝，是一個飽讀詩書的學者。曾老師從小就在家教甚嚴之下習字，所以綜合了各家的筆法，創建了自己的字體。

　　行書開始於東漢末年，這種字體是楷書的草化，草書的楷化，也就是介於楷書與草書之間。老師於上課時要我們臨摹的是老師所寫的詩詞行書，老師的筆法具有特殊性，讓人很容易辨識。在臨帖時，仔細看老師所寫的行書，整篇字大小不一，且排與排間字體剛好穿插搭配，頗具美感；筆劃粗細及收放伸縮都有變化，好像老師有把情緒容納進去的感覺；字有時連絲呼應，有時筆斷意連，感覺很流暢、很有氣勢；字與字間有平正及欹側穿插，又不失平穩；字的配置有疏有密，也就是布白有勻有豁，且字的本身有開有合，頗具動感；在一篇詩詞中，相同的字寫法都不一樣，就是一個字內相同的部分也做不同的變化。這些都是老師作品的特色，也是我們要去模仿之所在，我切記並勤加練習。

　　草書開始於漢初。草書名符其實就是寫得很潦草，筆畫很多都省略，偏旁部首多以符號代替，老師說，草書是有字根的，一定要背，如果不按這規定，一有偏離，就不是原來要寫的字

# 我的優質人生從退休後開始

了。由於草書結構減省，筆勢連綿迴旋，多用轉筆，轉筆又不可停滯，停滯就沒勁道，所以草書部分，蘊含很多技巧。我一個學長，草書的這些字根，反覆練習了六年，才能運用自如，所以不是一件容易的事！

曾老師教學很認真，也非常有耐心。我們每次上課，班長就老師的字帖選一詩詞作為上課主題，老師會將該詩詞解釋，並吟唱，且將寫法詳細的說明，尤其草書的部分，會一個字一個字的寫給我們看，供我們回家後練習。回家必須練習了無數遍，才能將行書及草書各寫一張宣紙，於下次上課時送請老師批改，老師會一字字的檢查，寫不好的就寫在旁邊供參改正。學了約半年，有一次師母將我的作業誤植為老師作品，讓我頗為欣喜，於是將其裱褙作為紀念。

曾老師的書法聞名兩岸，大陸江西省南昌市的滕王閣主事者曾邀請老師寫《滕王閣序》，欲將其刻印在滕王閣樓上，師未允而作罷。老師的作品在市面上是以「材」計算，稱得上洛陽紙貴。有一天上課，看到老師所存專輯甚為精美，就跟師母購置一本珍藏。在欣賞專輯時，忽見專輯內有「虎」字作品，於是向老師表明自己屬虎，老師即說：「我寫給妳」，於是準備紙筆墨，老師當場揮毫贈給，我視之如寶，回家後即送裱褙，準備當傳家之寶。

與曾老師學了兩期後，由於老師年紀關係以及家庭因素，

## 貳、從學習中找到自信
### 一、在毛筆字下功夫

進了養老院，我們的學習也因此中斷，但仍不定時的陪同師母
前往探視。探訪時也會帶自己的作業請老師過目，老師很高興，
總是露出喜悅的笑容。如此經過一年多，老師辭世，我們成了
老師的關門弟子。

師生合照

### 3. 楷書與章法

辦完曾老師後事之後,師母朱琴芳女士看到我們幾位同學這麼認真,同時也希望這優良文化能繼續傳承,於是開始無償的教導我們畫梅花及楷書的基本功法。

朱琴芳老師,是藝術大學的碩士,對楷書的章法(結構)有深入的研究。楷書是其他書寫體的基礎,所以章法(結構)非常重要,需要不厭其煩的一再說明。師母很有耐心,且毫無保留的一一傳授,就是身體微恙,也從不間斷,讓我們五位同學銘感在心。

師母對於楷書的章法,要求非常嚴謹。師母說,楷書用筆要有勁且渾厚,左輕短右重長;轉折和豎彎鉤都要慢且有力道;橫畫不要太直,而是要向上稍微傾斜 15 度,以免呆板;點要有勁道,且須配合字體大小及位置而有所變化;寶蓋頭勿太直,而是要稍微彎曲後再撇;一個字疏密要妥適分配,切勿分太開,以免一個字變成兩個字;有些字上面要齊頭,有些不可齊頭,都有規定,例如「卿」字,右邊的「ㄗ」要略低,很多有耳朵旁的部首亦同;「心」字要弧彎如月牙,上面兩點要筆斷意連;「馬」字,豎彎鉤應對準左邊豎條,最後的四個點,第一點應在左邊豎條外面,第二點在左邊豎條之下,第三點在中間豎條下,第四條在最右邊,但不跑出右邊豎彎鉤,如此均衡分配,字穩美觀;又如寫「家」,寶蓋頭不要寫太大,這個字是上窄

下寬,寫「豖」必須分置於豎彎鉤的兩邊,最後的短、長撇佔據右邊;又如寫「來」字,開始的橫畫不要太長,後面的兩長撇,左細右粗,但與中間的豎條等距,並呈現 45 度……。字的結構規律很多,師母總是不厭其煩的講解,讓我們更清楚的認識。這些要項,都需要自己書寫時慢慢地去體會。

由於師母的關係,我們參加了由曾老師所創建的澹寧書法學會。每年的雲林西瓜節,師母會帶這幾個學生到澹寧書法學會西螺分會參加那一年一度的西瓜豐收慶祝大會,除了大啖西瓜外,還當場揮毫共襄盛舉,場面熱鬧;每年二月,師母也帶著我們參加總統府前的新春揮毫開筆大會,這兩年當天都下雨,無法當場揮毫,但我們還是依規定攜回揮毫例句及宣紙,於次日寫妥後寄回中華民國書學會參加評審,志在參加;同月師母又帶領我們參加澹寧書法學會所主辦的一年一度書法聯展。2019 及今 (2020) 年的書法聯展,都是在台北市議會舉行,我各展出四幅,家人與好多朋友都蒞臨捧場,給予我最大的鼓勵。

# 我的優質人生從退休後開始

西瓜節陪同師母當場揮毫

### 4. 漢簡與行草

2019 年 9 月，由於士林長青大學 ( 老人中心 ) 劉登科老師的楷書及隸書課程已學一段期間，希望多跟其他的老師再學學不同的筆法。當時好友友美談起在中正紀念堂跟施春茂老師學書法頗有心得，於是除了仍維持曾師母的課程外，就報名參加施老師的書法課。

施老師是長榮大學兼任專技教授。這兩學期教學重點在孔家坡前漢簡及懷素的小草千字文的練習。

所謂的「漢簡」，是兩漢時期所遺留下來，用尺牘所刻的文字，因為是木頭或竹片刻的，字跡多已模糊，所以練習時看得很吃力。漢簡所刻的內容多是書信記事，或是公文報告。字體介於篆書與隸書之間，粗細比例差異大及左方右圓，具有質樸、純真、率性、自由、天真、原始，筆畫誇張等特性。書寫時有輕有重、有實有虛，有粗有細，線條又有變化，所以很多地方可自由發揮，這是老師選擇漢簡作為我們習帖的主要原因。

懷素，唐朝人，早年因家貧沒錢買紙，所以他種植萬餘顆的芭蕉當紙寫字，由於其性情狂放，不拘小節，常常醉酒後就在寺廟牆壁，或衣服上，或器皿上筆飛墨舞，所以唐朝人稱他為「醉僧」。也由於他的個性所致，其筆勢是連綿迴繞、結構減省、字形變化繁多，書寫很狂放，所以與張旭都是狂草的代表性人物。老師說，懷素的草字有時一筆而成，偶有不連，但

# 我的優質人生從退休後開始

筆斷意連，較易辨認，所以我們選擇懷素小草千字文練習。

施老師說，要寫好漢簡和行草，需把握以下幾項重點：

(1) 掌握態、勢、韻：筆畫要有粗細，是書法之美的共識。寫書法時，要顯現字體的千姿百態，也要掌握其氣勢與韻味。也就是將日常生活中所見的驚滔駭浪氣勢起伏，以及微風襲襲吹來的節拍韻味融合到書法，所以字要有姿態、氣勢與節拍。達到如《洛神賦》形容美女子的「儀靜體嫻」時，就是書法的最終境界。

(2) 草書書寫要領：草書是有字根的，需要記住。草書寫好與否，在於是否把握大小、斜正、濃淡、粗細、錯落、避讓、急澀、榮枯、穿插、跌宕、節奏、行氣、佈局以及字趣、筆趣與墨趣。草書最忌平行及均間，所以佈局要瞻前顧左右，展現飄逸、灑脫之氣；線條要有趣味性，並表現重按輕提的規律；字要有動感，連、斷相互使用，這是對美的詮釋與認識；也要破除平行、均間與對稱，要向大自然學習它的美感，要破除楷書的心影；行草最困難的是轉筆，手、筆和心都要一起轉折方能到位。

(3) 漢簡練習要訣：漢簡中鋒、偏鋒及藏鋒要交互使用，主要表現樸拙與天真的趣味性，它是自由的，所以要大膽地去發揮，漢簡寫好，有助於楷書及行書寫法。一昧的左細右粗，就俗了，所以要有虛實的對比，疏密要清

楚，筆畫要有輕重，線條要有變化，層次要多，有收有放，美中有醜，醜中有美，展現靈氣，也要破除平行、均間與對稱，這些就是學習漢簡的重點。

(4) 臨帖三階段：

① 亦步亦趨：剛開始學草書和漢簡，可先臨摹字帖，這是一種「無我」的狀態，如能學得七、八分像就很不錯了，這是學習的第一階段。

② 懂得取捨：臨帖一段時間後，要懂得取捨，然後去改變字的結體，讓其看起來更生動，更具美感。也就是臨摹一段時間以後，就要按自己內在意識去表達，去發揮創造力，這時就要達到「有我」的境界，去表現個人字體的獨特性了。

③ 揣摩意境：意境需要憑感覺與神會。許多有名的書法作品都是在寫意境，所以臨帖時要要仔細觀察與領會，才會有所收穫。

(5) 五心十力：學習書法需要經過不斷的練習與磨練，方能竟其功，因此需要具備靜心、專心、耐心、細心、虛心的功夫。學書法最終要產生具有很強的辨識力，具有個人特徵的字體，所以要有創造力；要創造前要有思考力和吸收力；思考前要有鑑別力和判斷力，以鑑別一件作品的好壞；沒有敏銳的觀察力和注意力，無法清楚分

# 我的優質人生從退休後開始

辨作品優缺點;一件作品要有價值,需要粗、細、快、慢、輕、重的控制力;控制力是基本功,是由耐力與毅力來的。所以耐力、注意力、毅力、觀察力、控制力、吸收力、辨識力、鑑賞力、思考力及創造力,是學習書法歷程必備的條件。

(6) 感性加理性:所謂「感性」,就是把情緒寫出來;所謂「理性」,就是把藝術性寫出來。研習書法就要仿效古人,常去觀察自然萬物,運用書寫工具和書法技巧,表現出生命體的血、肉、筋、骨和感情來。也就是將萬物的形體與書法的線條去做結合,並將感情融入後才能將書法學好。就像東晉書法家王羲之的《天下第一行書-蘭亭序》以及唐朝顏真卿所書的《天下第二行書-祭侄稿》,就都是在情感奔放與悲壯之下的作品。

施老師所教筆法,需要用腦子去仔細思考,琢磨,體會,與之前所學有很大差異。這一班的學員程度較高,有的學長使用「竹」筆書寫;有的已經從事藝術創作,而我書法功力尚淺,需要再多加領悟,多加練習,再加油吧!

目前臺灣疫情已趨緩和,中正紀念堂的書法課程又重起報名,由於報名人數眾多,以致當天早上電腦大當機。本來兒子有看到我已報名正取,然電腦當機將此資料消除,因為正備取名單已公布,嗣經抗議無效,所以這期課程無法參加,只有在

家自己練習了。

## （三）相處以墨

　　觀摩與仿效是學習很重要的成分。好友王姐與友美同為書法的愛好者，我們經常邀約前往故宮博物院、國父紀念館、台北市立美術館抑或中正紀念堂等地方觀賞書法名家的作品，如果我們當中有人辦理個展或參與書法聯展時，也都會相互觀摩捧場，彼此相處以墨，也期望藉由他山之石，來提升自己的書法功力。

　　每次欣賞名家作品時，我們會把自己喜歡的作品照相留存供日後參考或模仿。參訪完畢，再聚餐討論，有時也會將個人近期作品在這時拿出來切磋與分享。

　　書法也有其風行潮流，現代展出的作品多為書藝型態。一般人從學書法要達到書藝創作，大約要經過 20 年的磨練。這些創作，就像一幅幅會說話的畫作，將詩詞意境充分表達，讓人感動，嘆為觀止，所以我每次都看得很入神。這些天好友淑芬借我蕭世瓊先生的書法集，我看了再看，為之著迷，期望有天也能如此揮灑，寫字就像畫畫一般的具有靈氣與內涵，那該多好。

# 我的優質人生從退休後開始

參觀董陽孜書畫展三人行

## （四）我的小小得意

書法是有內涵的，是具有藝術性的，它包含了外在的形體以及內在的神韻，需要不斷的修煉，才能達到形神兼備，非一蹴可幾。

我學習書法已四年餘，對於楷書及隸書方面學習稍有心得，但篆書、行書及草書尚待磨練。由於書法，我與一些老同事老朋友密切聯繫，也有了不少新朋友。當在職時相處很好的同事退休，我會贈送所寫並裱好的詩詞或心經做紀念；另也有一些朋友向我索取《心經》護身，由於渠等希望隨身攜帶，所以我常以出國時所帶回的餐巾紙書寫，這些紙張精緻，寫出來格外美觀，也成了我個人獨特的風格。

本(2020)年1月5日，經由英國遊學的導遊Steven之推薦，我應台北華朋扶輪青年服務團之邀，前去「書法研習經驗談」演講，我準備了簡報，將個人書法學習沿革、所學章法、運筆方式、落款寫法等做了系統性的說明，並一一告訴學員如何下筆。我事先已寫了好多春聯，且將過去一些尚未裱褙的書法作品帶去與這些青年學子分享，達到賓主盡歡的效果。

# 我的優質人生從退休後開始

　　截至目前，我已參加過士林長青大學 ( 老人中心 ) 數次的書法聯展：並獲邀參加 2017 年廣東河源市的兩岸美術書法作品邀請展；而澹寧書法學會 2019 及 2020 年的書法聯展，我都各展出四幅作品，承蒙至親好友蒞臨指導，不勝銘感。未來希望有更多展出的機會，讓自己的努力被看得見。

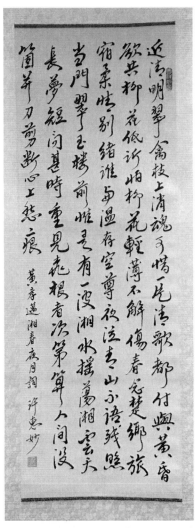

2019 年書法聯展展出之《湘春夜月詞》

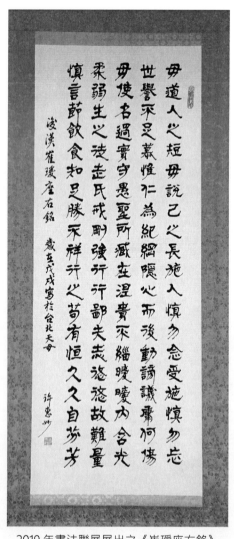

2019 年書法聯展展出之《崔瑗座右銘》

## 貳、從學習中找到自信

### 一、在毛筆字下功夫

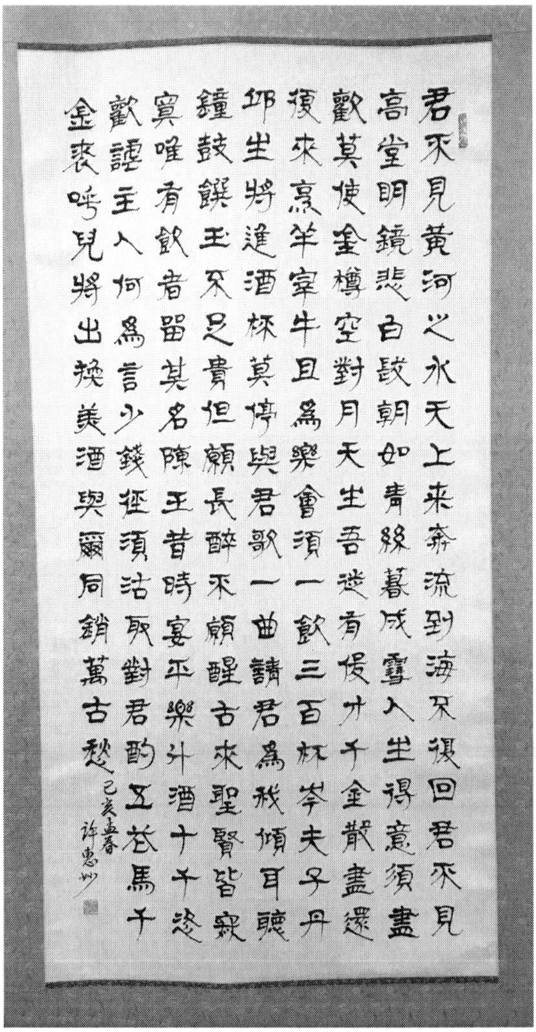


2020 年展出之《將進酒》

# 我的優質人生從退休後開始

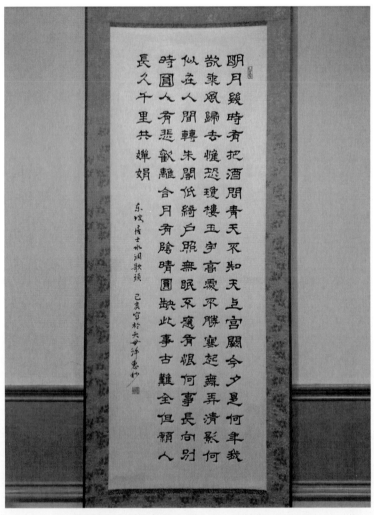

2020 年展出蘇東坡之《水調歌頭》

## （五）菩薩！我是志工ㄟ！

2018年6月，鄰居唐小姐得知我會寫毛筆字，就要我幫忙寫證嚴法師的《靜思語》字句，以書籤的方式呈現，希望於佛教法會時贈送給師兄姊。當時我找不到寫書籤的單孔西卡紙，只好購買雙孔的西卡紙，然後請照相館對半裁剪。

裁剪完成後即開始書寫，並依據字句意義用色鉛筆畫一些插圖。完成後覺得還不錯，但紙張有點薄，於是到各地書店尋找相容的塑膠透明套，希望加強書籤的硬度，然未果。後來想起曾師母曾給過大小差不多的塑膠套，拿出來試試，結果一套即合，於是打電話給師母，請求支援，師母應允找找，但數量未明。

第二天，師母來電要我去拿，結果回來數量剛好符合我書籤的186個，一個不差，一奇也；裝套時，有16個因照相館切割時產生的誤差始終裝不進去，心急時我脫口而出：「菩薩！我是志工ㄟ！您怎麼這麼為難我？」之後我去洗手，回來後16個莫名其妙的全部裝進去了，又一奇也。

這些書籤送給鄰居唐小姐並告知上述奇事，渠攜往法會發放，收到者得知無不嘖嘖稱奇，而這故事到現在我仍覺得不可思議。

# 我的優質人生從退休後開始

《小確幸》

1. 學了書法，我變得更有耐心，也更能專心。

2. 看了許多書法相關史料，深感書法是一門高深學問，更想探究。

3. 為滿足探究的好奇心，越想多看多學。

4. 學習成果與家人暨朋友分享，頗感榮幸。

5. 常聽說不同書法字體對養生有不同功效，各種字體我都已學，期待再精進，能讓身體更強健。

# 二、學習塗鴉

**在** 繪畫方面，我學了插畫、素描及畫梅花。

## （一）素描及插畫

在剛退休的時候，為了把書法學好，想說書畫一家，繪畫也學，對書法應有所幫助，於是我參加了士林長青大學（老人中心）的素描及插畫班。

該班在星期二下午上課，老師鄭孟秋，對於繪畫美學方面有深厚的造詣，對於圍巾的圖案以及 line 貼圖的設計等，作品皆屬一流，而在教學也確有一套。在插畫方面，剛開始老師要我們以小黃瓜或茄子的樣式去畫自己喜歡的人物或動物，我總是畫得很幼稚，傳給朋友看，都被取笑好像小朋友作畫，有些比較仁慈的朋友說我童心未泯，所以初始，我的插畫難以入目；至於素描部分，我則比較快進入狀況，所以畫出來的靜物，總有幾分相像。就這樣過了兩個學期，由於時間因素，我轉到早上同一老師的色鉛筆插畫班，素描也因此中斷了。

早上的插畫班，是原來素描及插畫的進階班，同學 20 人，全是女性。這一班同學由於已共學 3 年，所以同儕間感情相當

# 我的優質人生從退休後開始

好，大家都以親暱的小名稱呼對方，第一次進入上課就可以感受到那種和諧融洽的氣氛。每次上課時，同學都會帶一些零食來分享，有一次小鹿的老闆還致贈每人一個保冷保熱真空杯。而上課時大家都嘻嘻哈哈，好像都不是在談繪畫之事，她們不是在分享生活點滴，就是在討論旅遊，不然就是在講帶孫子女的經驗。我很快地混入其中，但我說的話題，卻是問這些學長插畫如何下筆？顏色要怎麼搭配比較好？學長們都很熱心，會告訴我去哪裡找資料，尤其淑珠有繪畫的底子，就主動的對我伸出援手，給我一些想法，告訴我如何著色，我畫好後還幫我修改，讓我能順利的交卷。

在這一班，我在課業上雖沒有進步多少，卻交了幾位很好的朋友，她們都是樂觀、熱情洋溢的一群，所以我們常常瘋在一起，有時一起逛市場，有時一起到對方家裡聊天說笑，有時下課後，邀集前往＜星據點＞唱歌歡樂，雖然唱得不好，但大家都很嗨。

新冠狀肺炎爆發時，同學小鹿這學期因事忙已經無法前來上課，但她仍心繫同學健康，特贈送每位同學口罩、口罩套及酒精各一，再由小花一一分送至家，讓我們每個人都好感動，這是最溫馨最美好的禮物。

插畫《溫馨的擁抱》

# 我的優質人生從退休後開始

## （二）學畫梅花

前已說過，朱琴芳老師在曾老師辭世後，開始傳授我們同學5人畫梅花及楷書章法部分，書法部分已如前述，不再贅述。而畫梅花是朱老師最擅長的繪畫本事，作品無數，常發表於各書畫展，也曾高價售出。

朱老師教導之初，要我們先觀察梅花的生長型態，有了概念以後，再教畫法筆順。謹將老師所教梅樹主幹、枝幹以及花朵畫法略述如次：

（一）梅樹主幹及枝幹畫法：畫圖時，要先想好構圖，也就是要先設計整體的佈局，想好落款的位置後著手。梅樹主幹不從畫紙的正中央或角落畫起，若從岩壁上的梅枝斜下畫，要再往上延伸，以示其堅挺精神。起筆時，先將整枝毛筆沾滿淡墨，再於筆尖沾一點濃墨，以中鋒及偏鋒交錯使用畫出曲折的主幹，然後再畫旁枝及細枝，梅枝要有粗、細、曲、直，其中主幹最粗，旁枝次之，細枝再次之。樹幹水分不宜過多，方不致臃腫無力，在其墨未乾前，就要用濃墨點苔，如此才能與主幹與枝幹融合一體。樹枝則須避免兩枝平頭或平行、左右枝對稱、三枝交叉於一點，抑或十字交叉等現象。細枝要昂首向上，老枝要伸向四方，而細枝

要比旁枝多些，且中間部分留空隙，以便填畫花朵，如此花朵才可呈現前後層次的效果。

（二）梅花花朵畫法：梅花五瓣，花瓣為圓形，有盛開的，有含苞待放的，有只是花蕊的，也有已開殘的。花的色彩有紅、粉紅、白、粉綠等，其有正、側、背、仰及偃等朝向。梅花種類很多，由於我們初學，所以朱老師目前僅教我們紅梅、圈梅及綠萼梅三種。梅花花期過後才長葉子，而花的布局要和枝幹的疏密協調，通常底下較密，越往上越疏，老師常說：「密不通風，疏可走馬。」，也就是花的疏密聚散要有變化，但頂端花朵不宜太多。

（三）每種課程初學時都感覺很難，學畫梅花亦同。花瓣的畫法還比較簡單，梅花樹幹是最困難的部分，其姿態就像寫書法，必須顯現力道，其水分的掌控更是一大學問，沒那麼容易。由於沒有基礎，水分又不會控制，總是畫不好，挫折感特重，很想放棄，但是朱老師總是耐心的教導，修改，每每以鼓勵的字眼慰勉。老師常說，只要梅花學成，其他的畫畫就不難了，這也成了我們加油的養分。就這樣在老師諄諄教導下，練習了一年餘，現在畫得有點像梅花了。

由於朱老師跟我年齡較為接近，返家路線又相同，所以在

# 我的優質人生從退休後開始

搭捷運沿路上無所不談，師生之情越來越濃厚，也因此我們課業的相關問題，就變成都是我在溝通聯繫。

**《小確幸》**

1. 會畫畫是我的夢想，雖然還離理想尚遠，但已邁進了一步。

2. 繪畫對於寫毛筆字的靈活度確有助益。

3. 學了繪畫，對色彩搭配較有概念。

# 三、學當掌鏡人

依據網路記載，攝影對身心有益。其說法是：攝影者必須經常爬山涉水，甚至旅遊，到處去追求美麗的景緻，如此可藉此運動健身，心情得到舒暢；為了追求最好的瞬間，必須要有耐心，專注的去捕捉難得的畫面來按下快門，還要用大腦去構思美好畫面，讓作品呈現；並善用作品來表達自己的情懷，讓生活多姿多彩，趣味橫生，所以可以培養耐心、審美觀及想像力，同時也比較樂觀。而我認為喜歡攝影的人，可經常幫助他人攝影服務，所以在團隊內很受歡迎；而且用攝影紀錄生活，透過照片，可回憶生活中的點點滴滴，是一項很不錯的興趣。

## （一）攝影入門

我參加的藍鵲家族，團員中有幾位攝影者都屬於教師級，每次的活動照片都是美拍，更引起我對攝影的學習慾，適巧李錦昭老師願意撥冗指導我們幾位對攝影一竅不通的團員，於是開始了我的攝影學習課。

上課時，老師把舊的單眼相機帶來拆開，讓我們瞭解其構造；接著陸續用簡報教導我們如何掌握及運用光圈、快門、ISO、對焦及構圖等的基本功能暨操作方式；還帶我們赴北投及

赴植物園學拍照

赴淡水學拍夕陽

淡水等地實地外拍，所拍照片隔週再來檢討。

　　最記得老師要求我們取景一定要使用減法，要有主題，但越簡單越好，這一點顛覆了我過去的照相方式。過去我恨不得將整個美景納入一張照片之中，原來那是一種錯誤的思考模式。後來依照老師講的方式去拍照，果然效果不同。經過這一期的攝影課，我的攝影技術有些微的進步。

## （二）影像後製

　　我曾服務於臺灣省菸酒公賣局，得知之前的老同事林春重先生已退休，亦在從事攝影教學，經與林老師聯繫，徵得其同意，讓我有機會再續學攝影。林老師的教學內容，包含攝影技巧及影像後製。

　　因為我是中途插班，所以攝影技巧的部分已教過，我只能先學影像後製部分。所謂影像後製，是應用 Adobe Photoshop 軟體從事影像後製修圖。老師說：我們用相機把眼前畫面記錄下來，但這畫面常無法完美，從底片時代開始，攝影創作者就會用暗房技術來彌補這些缺失，這就是照片後製與修圖的開始。現代的 Photoshop 是一個非常強大的照片編輯器，也是一個圖像創建工具。其方法為使用 Photoshop 內的圖層、色板選擇，來修飾、刪除、添加、重新定位或扭曲照片、替換風景場

# 我的優質人生從退休後開始

景中的天空，或將白天變成黑夜等等，進行一些重大修改，來創建圖像。

　　截至目前，我上過一期影像後製的課程，還有四次外拍。影像後製必須熟習 Photoshop 軟體功能，且要多次的練習，才能上手。至於外拍部分，第一次到萬華龍山寺和剝皮寮，第二次到羅東 Season 家拍雞、鴨、鵝，再去龍潭湖、頭城老街和北濱沿海岸；第三次赴大安森林公園捷運站，請社長小孫子當模特兒；第四次到南澳漁港、粉鳥林漁港及永豐餘露營區等。第一次外拍，巧遇兩位藝術大學即將畢業的學生穿著旗袍在剝皮寮的地方照畢業照，老師與她們協商，請她倆作為我們拍攝的模特兒，所拍照片傳送她倆作為畢業照相片；第二次外拍，由 Season 規劃，我們一早就到她羅東別墅，她準備了茶葉蛋和玉米請客，就因為她一早將雞蛋撿了去煮，所以我為了要拍撿雞蛋的情景，只好商請正在孵蛋的母雞先起來將雞蛋借我，母雞很不情願地咕咕叫，還想啄人，還好有朋友幫忙成事。之後到龍潭湖，本來在端午節前後，龍潭湖都會出現鯝魚逆流而上產卵的壯觀場面，結果今年因天候關係，這種情形提早了一個月，我們沒捕捉到那難得的場景，殊為可惜。當天北濱海岸離奇的大塞車，很可惜的有一些美景沒有辦法下車拍攝；第三次外拍，社長孫子可愛，討人喜歡，但因為小孩子好動，不易掌控，所以拍攝有難度，但是看到這小男孩，就會很想捕捉那純真的表

情；第四次外拍，適值端午節，羅東宜蘭道路大塞車，但我們還是興致勃勃，尤其在粉鳥林漁港秘境及永豐餘露營區，我們找到許多值得拍攝的美景，也大啖芒果冰及海鮮，讓我們感到收穫滿滿。四次外拍，在老師指導下，總是抓住機會猛按相機，拍完後再傳送老師請一一指正。

　　林老師是 2013 索尼世界攝影大獎國際獎首獎得主，是一個很專業的攝影家，所以對我們的攝影技術要求比較嚴謹，我們的作品要得到老師的認可，沒那麼容易。我認真的找出了外拍以及幾張赴英國旅遊的照片請老師斧正，經過影像後製，果然可以呈現多面向的圖像，經由老師分別命名為「嬌媚」、「梯之眼」、「倫敦橋」。其中倫敦橋改變最多，本來英國倫敦屬「霧都」，倫敦鐵橋為霧所壟罩，經過影像後製，倫敦橋附近的天氣，可雷雨交加，也可艷陽高照，後者誠如同儕所說，它難得的出現千年一見的陽光。

　　目前林老師課程第二期剛剛開始，我對於電腦後製修圖有些概念，但實作還是不盡理想：而對攝影部分似懂非懂，所以老師已應允再從攝影基本理論與實務上重新傳授，期望我的攝影及修圖技術能有所進步。

# 我的優質人生從退休後開始

嬌媚 ( 影像已後製 )

梯之眼 ( 影像已後製 )

## 《小確幸》

1. 學會攝影，可用照片記錄生活，看到美美照片，很高興。

2. 攝影是美學的培養，越學越發興趣。

3. 林老師瞭解初學者的困惑，允諾從攝影基礎重新講述，
   是一幸事。

# 四、老人學英語

**我**初、高中都是讀商校，英文程度不好，到了大學和讀碩士班時，因為有一些原文書及論文要看，所以用功一點，但始終沒有多大進步。在職時，因為人事人員服務對象是機關內部公務人員，說英語機會幾乎等於零，所以英語沒什用武之地。然到國外旅行時，從搭飛機的時刻起，就需要英文溝通，到了國外，除了跟團有導遊服務外，語言不通，就會寸步難行，所以看到別人英語可以朗朗上口，會很羨慕，很仰望，因此在職時有去上英語會話課幾次，但都因為工作忙，又缺乏恆心，平常也沒什機會練習，所以學得「離離落落」。

退休時我告訴家人，我要將英語列為我的重點選項，他們頗為贊同，就希望我不要有遺憾。有一位老同事知道這件事，於我退休時就送我一個 ipad，內有文法、句型、中翻英、英翻中等等好多功能，期望有好的工具，能幫我學習英語加分。

由於對於學好英語的渴望，我就報名參加士林長青大學 ( 老人中心 ) 的旅遊英語課程，希望未來的國外旅遊，我的英語能朗朗上口，因此每周五上午十點半至十二點二十分，就是我的 Time to learn english。

英語課的第一個周亞平老師，高挑、時髦又漂亮，且人超

好，很能體會年長者學習英語的困境，所以進度很慢。由於老師過去長年住在美國，因此對於國外的生活習慣用語，英語的相關用法以及字義都解釋得很清楚。老師每節課都會讓大家輪流唸課文，然後再一一矯正發音，最後還不忘誇大家幾句，給予這些長者信心。由於周老師的用心與平易近人，所以同學都很喜歡她，以致每學期的上課報名總是爆滿。後來因為老師將伴隨著退休的先生赴美，復改由現在的溫文老師教導。

溫老師上課時，會以「大家來找碴」方式，講一些溝通上常會用到的字句或俚語，讓我們記錄背誦；對於課本的內容，老師會約略解釋，然後要我們開口輪流唸，所以我會在課前找時間把書本拿來讀上幾遍，以使輪流唸時能順暢。溫老師表面看起來較為嚴肅，但上課時會穿插一些笑話與大家分享，所以上課時笑聲不斷。

溫老師於上學期末，要我們自訂主題，闡述自己旅遊心得抑或新奇經驗與同學分享，其目的在希望提升我們的英語組織力，並增進文法及字彙，另一方面也訓練我們上臺說英語的膽量。我曾參加英國遊學，那是很新奇的體驗，所以我就自寫一篇於課堂上與同儕分享。我的文章是這樣說的：

The topic I want to talk about is my study tour experience.

August 3 to 25 last year,I joined study tour organized by Hui`an organization. A total 15 people participated in the event. Studied

# 我的優質人生從退休後開始

place in Edinburgh, UK.We all lived in host family. Actually three weeks of class time. We went to class every morning, In the afternoon, we went to the art gallery or museum to visit. Sometimes went to the scenic area.

Our class was a centrally located language school. After passing the test, I entered the intermediate class. My teacher-Matthew is young and handsome, he teaching diversity and interesting. We were learning in happiness.

Our guide is very intimate. He kept abreast of our learning situation, helped us boil water and order lunch every day. Also explained in the art gallery or museum. He is a responsible person.

The most memorable study tour was the Edinburgh Festival. Many countries offered performances, very exciting. Especially the performance of the Royal Edinburgh Military Tattoo. This event was held in Edinburgh Castle. The content included performances in eight countries, national characteristics, 90 minutes of performance, finally, there would be Fireworks.

英語課程的兩個老師教學經驗都很豐富，發音也都很準確，是我們之福。兩個老師所教內容皆以《說著英語去旅行》這本書為主，內容包括出國訂機票、機艙內的溝通、入境事項、兌換錢幣、飯店住宿、餐廳用餐、購物、郵局、交通工具、租車、

問路、觀光、生病、失竊或事故處理等事項。這是一本以旅遊為重點的英文書，很實用，但一些基本例句要背，否則只懂其文義而沒有刻意地背誦，真正要用時就沒有辦法順利的表達，這好像又是回到以前在學校的「背多分」時代，但也無輒。

我曾探究此問題，發覺是因為平時沒有常練習所致，因此在後來的出國旅遊中，不管是否符合文法，就是儘量的把它說出來，尤其到英國遊學之後，更培養了膽量。之後我去美西以及西班牙、葡萄牙的兩次旅遊，由於購物時導遊都各自納涼去了，我總是帶著一堆人，協助他們詢價、講價，以及洽詢挑選顏色及款式，吃東西時幫他們點菜，我們前往集合時幫大家問路等。記得去西葡時，在購物中心的 COACH 店，經理還跑出來問我是不是導遊，因為他的店員說我英語講的很好，這件事讓我很興奮，它無形中增加了我的自信。

《小確幸》

1. 英文能力些許進步。
2. 學然後知不足，希望更躍進一步。

# 我的優質人生從退休後開始

# 參、由旅遊開闊視野

　　還未退休前，聽到朋友不用請假就可以無負擔的到處旅遊，很羨慕，現在自己退休了，可以自由自在的到處旅遊，感覺真的很好。我退休後，無論國內或國外，去過很多地方，有跟團，也有自助。

# 一、國內趴趴走

在 國內旅遊方面,我參加藍鵲家族及詹焜枝先生旅遊團較多,偶爾也會幾個朋友抑或家人一起出遊。

## (一)藍鵲家族

藍鵲家族是我退休後第一個參加的旅遊團體,這團體成員有 200 多人,由藍鵲爸爸及藍鵲媽媽領軍,所有活動由幾個主要幹部分組輪流規劃,有固定的遊覽車租約,旅遊費用由參加人員均攤,由於所有事物由幹部處裡,所以品質好,費用較為低廉,每次報名都是秒殺。活動多在周三舉辦,如想參加,在報名時段,都要在電腦旁邊守候。

藍鵲家族的旅遊活動,有長途也有短途的。幹部們的規劃都很周延,無論車上的卡拉 OK 唱歌,抑或過夜的晚上餘興節目,都非常熱鬧,且成員之間的互動緊密,宛如一個大家庭。

退休後,我參加了藍鵲家族所舉辦的新竹五峰鄉山上人家二日遊、台北海洋大學升格大典、苗栗苑裡華陶窯生態之旅、關西仙草製作體驗和東安古橋遊、基隆外木山情人湖之行以及數次的短程健行等活動後,復因每周三與中油的藝文活動衝堂,不得已情況下,後來參加次數減少了,但還是跟家族內一些朋

友有密切聯繫，偶爾也會一起出國旅遊。

## （二）難忘武界

和藍鵲家族的朋友一起國內旅遊數次，其中最難忘的是和 Judy 夫婦以及藍鵲家族五人一起去南投武界旅遊。去武界，主要去看雲瀑和日出。

第一天到武界天色已晚，我和藍鵲家族朋友一行六人被分配在另外單獨的一家旅館。晚上，我們把自備的水果及零食取出分享，並各道出一些值得回味的往事，有說有笑，之後還結隊前往山區部落探險，並觀看原住民部落的節目表演，直至深夜，才返回旅館並帶著疲憊的身體進入夢鄉。

第二天一大早就被叫醒要去看日出。所有團員原來要搭四部九人座車上山，因為其中一部車的駕駛臨時缺席，人員需擠在三部車內，我們那部車朋友說我比較嬌小，要我去車子前座和嚮導的太太同坐，哪知她個頭高大，根本沒我坐的位置，我只好讓她抱在大腿上，我整個人縮成一團，很不舒服，還好半個鐘頭後那位司機趕上了，讓我鬆口氣，但途中看到的雲瀑卻沒有辦法照相，殊為可惜。

到了山頂空曠的地方，我們下車，靜候朝陽。當晨曦冉冉升起的剎那，大夥兒鼓掌叫好，猶如看到希望之所在，所以連

# 我的優質人生從退休後開始

拍了很多照片。回程，我們去一線天，打著赤腳過河並玩水，很有趣；後又去摩摩納兒瀑布及紅香部落的帖比倫峽谷瀑布，前者要走比較遠的路，有經過茶園，風景秀麗；但後者路崎嶇難走，有些地方要攀繩子，但很值得，因為瀑布飛流直下，氣勢磅礡，十分壯觀。

武界的日出

帖比倫瀑布上游留影

# 我的優質人生從退休後開始

## （三）愛玩一族

　　詹焜枝先生旅遊團，我在職時，即已參加。這旅遊團約每兩個月舉辦一次，固定的遊覽車，成員也多是固定，我們大學同學約 10 人參加這個團體。活動都在星期例假日舉行，有兩天行程，也有三天的，在遊覽車上，大家除了唱歌外，還很會起鬨，每次都熱鬧滾滾，簡直就是愛玩一族。

　　我們一起到過高雄的內門、岡山之眼、茂林蝴蝶谷森林遊樂區、錫安山、澄清湖；台南的萬里長城、七股、奇美博物館、四草綠色隧道、曾文水庫；嘉義的梅山、阿里山達娜伊谷、故宮南院、東石外傘頂洲；台中的東勢林場、彩虹爺爺故事館、新社莊園、新社花海；南投的猴探井、惠蓀農場、清境農場、奧萬大森林遊樂區、台大梅峰農場；花蓮的太魯閣、鯉魚潭等，足跡遍及臺灣中、南、東部。出遊的第一天早餐都是詹太太親自炒米粉給大夥兒食用，有時也包粽子，由於詹太太是烹飪高手，所以這成了眾人旅遊時的最高期待。

　　我們到過的風景區，我最懷念東石外傘頂洲和曾文水庫搭船去餵山豬的情景。

　　前往東石外傘頂洲旅遊當天，司機先生送我們每人一雙藍白拖鞋，大夥兒拿著拖鞋搭海上觀光船前往，途中船上用膳，多是海鮮料理，很澎湃。到了目的地，我們下船穿著拖鞋，踩

在沙地，浠浠唰唰。我們有時玩沙，有時玩水，沙灘上有很多賣衣帽的，我們到處參觀。回程時，又有一大鍋的牡蠣酸菜湯給我們享用，很美味，可說是一趟美食兼南海風味沙灘之旅！

台南之行，到了曾文水庫，我們要搭船時，有一位先生叫住我，給我一包雞骨頭之類的食物，要我帶去餵山豬。因為行程內沒有提到餵山豬，我有點遲疑，但想如果沒有山豬可餵，也可以餵魚，所以就拿到船上，放在通風處。當船開到一半，船上導遊小姐說等一下或許可看到山豬，當下我暗自竊喜。不久，看到岸邊一大群山豬朝船靠過來，因為只有我有食物，頓時山豬和我變成大家照相的焦點，餵得我也笑哈哈。

# 我的優質人生從退休後開始

曾文水庫餵山豬

攝於七股鹽山

# 我的優質人生從退休後開始

## （四）賞花喫魚趣

我退休後參加過三次中油公司退休人員的國內旅遊，包括專程赴台中看花博，還有趁政府旅遊補助，組團到阿里山遊玩，以及參加高雄市永安區的石斑魚節。

### 1、花博之旅

台中世界花卉博覽會自 2018 年 11 月 3 日至 2019 年 4 月 24 日止，展出內容包括園藝及花卉。展區包含后里馬場森林園區、外埔永豐園區以及豐原葫蘆墩公園。

我們於 2018 年 12 月 13 日搭遊覽車到台中，早上先到外埔永豐園區，下午再到豐原葫蘆墩公園及后里馬場森林園區，到處觀賞這些藝術傑作，發現園藝件件有其獨特的意義與內涵；花卉綻放，經過人工整理，更顯燦爛，每個園區都布置得美輪美奐，讓人目不暇給。

花博留影

# 我的優質人生從退休後開始

## 2、阿里山行

很久沒有去阿里山，所以中油退休協會秘書長一邀約，立即參加。

我們搭遊覽車南下，至嘉義，先到阿里山遊覽。那時阿里山櫻花尚未綻放，只有層巒疊翠的山林，陪伴著森林小火車，還有稀稀落落的遊客。

當晚由中油退休的老同事接待前往晚餐、唱卡拉OK，並致贈每人一支登山杖，然後安排我們進住御花園汽車旅館。次日，我們回到台中再次逛花博。

阿里山賞景

### 3、石斑魚節

中油退休人員的三次國內之旅，令我最難忘的是參加高雄市永安區的石斑魚節。

旅遊當天我們搭遊覽車到中油永安液化天然氣廠參訪。首先參觀 LNG 液化天然氣冷凍船之冷凍天然氣（係將天然氣的體積壓縮為 1/600，溫度約攝氏零下 162 度）卸貨；再觀看其簡報，得知其如何引進海水，將天然氣由液化變成氣化，然後將經過處理後適合飼養龍膽石斑魚之用水分送鄰近飼養戶，達到物盡其用及敦親睦鄰之效果。

是日晚上我們一起去參加席開 300 桌的石斑魚節盛宴，兼看藝人的表演。餐宴食材新鮮豐盛，場面熱鬧非凡，由於很少參加這種超大型的餐會，感到很新奇，於是拿著手機到處拍照，度過一個很不一樣的夜晚，至今仍印象深刻。

回程時，我們順道參訪台南仁德區家具產業博物館及台中國家歌劇院。這是一趟充滿知性與感性的旅程，令我回味無窮。

永安石斑魚節表演臺

147

# 我的優質人生從退休後開始

新鮮食材料理

## （五）金門快樂頌

我和碩士班同學感情相當好，如同家人，時常一起吃飯、一起國內外旅遊，每次都很盡興。其中最難忘的是我們的金廈之旅。在此先敘述金門旅遊部分。

同學光明娶金門老婆，所以在金門旅遊部分由光明夫婦規劃，收支工作就由我擔任，一行人好興奮地搭飛機出發了。

在金門這幾天，光明安排我們住宿他家隔壁的民宿，所以飛機抵達金門時，光明及民宿主人開車來接我們，並充當金門本島的嚮導。當天晚上由光明嫂親自下廚招待我們，由於光明嫂曾開過自助餐廳，廚藝一流，所以我們在光明家庭院享受一頓豐盛又很有氣氛的晚餐。

第二天我們到莒光樓、翟山隧道等地遊覽，還安排我們去打靶，這打靶雖是電子射擊，但和實際打靶並無二致，槍仍有後挫力，我很快地抓住要領，所以打靶成績，光明第一，我居第二。晚上，光明嫂的妹妹娶媳婦，要我們一起去喝喜酒，光明嫂說禮數由她負責，這橋段並未事先告知，所以我們幾個穿著休閒服前去喝喜酒。喜宴家人非常親切，菜色也很棒，這是金門喜慶初體驗，非常有趣。

第三天，我們到烈嶼鄉（小金門），大夥兒租機車代步。光明夫婦領頭，我們以兩人一部機車的交通工具到處旅遊，同學

## 我的優質人生從退休後開始

都說兩人共乘機車很有當年談戀愛的感覺，饒富情趣。我們還去烈嶼鄉公所找同學的一位老同事，這位友人當天本來有喜宴，因為我們的到來而留下來請我們吃晚餐，盛情感人。

於光明家庭院享用豐盛的晚餐

# (六) 家人逍遙遊

我有三個小孩，兩個女兒都已婚，兒子未婚，仍住家裡。女兒女婿兒子都很孝順，常噓寒問暖，也會抽空帶我們夫婦去休閒旅遊。桃園、台中、花蓮、宜蘭等地都有我們的足跡，家人一起出遊，都很幸福快樂。

我們最常一起去休閒的地方是宜蘭頭城農場，是女兒在旅展買了票，帶我們一起去度假。頭城農場，環境優雅，有志工帶領認識動植物，還帶我們放天燈、烤肉。在這裡，除三餐外，點心有綠豆湯、米苔目、鼎邊銼、湯圓等，還有自製的檸檬薄荷水或咖啡可喝，是很棒的休閒所在。

去 (2019) 年 10 月底，我們又一起去頭城農場度假。剛去農場報到時，農場主人就送我萬壽菊及咖啡樹苗讓我帶回家種植。我們和往年一樣，又烤肉，又享用大魚大肉的晚餐。晚餐畢，志工帶我們去放天燈。兒子聽完解說，就帶領我們一起做天燈，製作完成後我秀出寫毛筆字的功力，寫了一些願望，然後一起到戶外空曠地放天燈。很幸運，我們這組是園區當天天燈唯一施放成功的，看著天燈越飛越遠，直入雲霄，讓我們雀躍的感受上天會達成我們在天燈上的許願，真是棒極了。

頭城農場放天燈

## （七）知性之旅

　　我也常跟幾個朋友一起國內旅遊。今 (2020) 年初，我和好友淑真，一起到 Season 位於宜蘭的別墅遊玩。別墅種滿了桂花，也養了很多雞，有一隻母雞剛孵出幾隻小雞，好可愛。我和外傭去撿雞蛋，淑真則採集桂花，她準備帶回做桂花釀。午餐由季芳親自下廚煮麵，晚餐則一起出去吃日本料理，度過愉快的一天。

　　第二天一早，Season 夫婦開車帶我們去走新的蘇花改，到花蓮距離確實近許多，無不讚嘆政府德政。到了花蓮改搭火車到台東鹿野，一行八人，連同當地的朋友們，一群人浩浩蕩蕩的在台東鹿野大玩特玩。

　　火車到鹿野，已是午餐時間，主人們就帶我們去鹿野生意最好的粿條麵店用餐，餐廳只有用幾張書法作品布置，感覺乾淨雅緻，增進了大家的食慾。下午，Season 的學長為我們簡報如何養雞及如何選用暨食用雞蛋等知識，大夥兒聽得津津有味，也長知識了。晚餐後，參觀當地李老師豪華別墅並享用他家種植現採的仙桃，番石榴等，席間這些中興大學的學長們彈琴，並一起合唱好多首動聽的歌曲助興，讓我們度過一個充滿浪漫氣氛的美麗之夜。

　　第三天，行程緊湊。一早就到李老師的農場去學釀啤酒，

## 我的優質人生從退休後開始

烤香腸，撿百香果，實在有趣。之後，又上鹿野高台午餐並看
飛行傘表演。鹿野高台位於三角嶺高台觀光茶區南方，海拔 368
公尺，落差有 150 公尺，是國內少數提供喜歡刺激和高空飛
翔的朋友表演飛行傘的地方。在這視野廣闊的高台，所見一片
綠油油，高空中飛行傘高手表演翻滾、飛翔，是一幅難得的奇
景。後來我們去喝下午茶和逛市集後再返北，結束豐富且充滿
知性之旅。

剛出生在對話的小雞

我撿了一籃雞蛋

《**小確幸**》

1. 家人或朋友共遊，相互照顧，更增進彼此感情。

2. 旅遊，與大自然接觸，心情放鬆，可盡興，很愉快！

3. 從旅遊中可擴充自己的知識領域。

# 二、參團國外旅遊

**在**職時，我每年都會參加一、兩次的出國旅遊，退休後出國次數更為頻繁。旅遊可以瞭解當地風俗民情，可以看到許多未曾見過的美景，所謂的「行萬里路，讀萬卷書」，所以我樂在其中，只要未曾去過的地方，我都想去看看。退休後我和家人、藍鵲家族、中油的退休人員以及友人參團一起旅遊數次，都是精彩之行。

## （一）大陸景區

大陸地區很多風景區，在退休前就去過，包括九寨溝、黃龍、桂林、張家界、山東曲阜、絲路、杭州西湖、黃山、峨嵋山、香格里拉、瀘沽湖、昆明、大理、麗江等地，都很值得一遊。退休後，福建、廈門、海南島、大興安嶺、廬山、華山，恩施大峽谷、寧夏、貴州、甘南地區以及福建南靖雲水謠等等，都留下我們歡樂的足跡。

西藏、稻埕亞丁等比較高的地方，因為擔心高山症，所以還不敢前往。到大陸地區旅遊，有時搭遊覽車，也搭過高鐵，嚐試不一樣的旅遊方式。在多次旅遊中，我最難忘的是與藍鵲家族友人前往寧夏的賀蘭山以及與幾個碩士班同學以小三通方式赴金門暨福建南靖的雲水謠。

江西廬山旅遊留影

貴州銀鍊墜潭瀑布

# 我的優質人生從退休後開始

攝於小七孔臥龍潭前

### 1. 寧夏

去寧夏，走訪須彌山石窟、銀川、青銅峽 108 塔、賀蘭山等，其中以賀蘭山最令人驚艷。

賀蘭山位於寧夏和內蒙古交界處，是寧夏平原西部屏障，巍峨壯麗。山內有少數民族在 3 千至 1 萬年前在此山上岩壁雕刻了他們日常生活的情形，我們懷著尋寶的心情到處探索，看到許多寶貴的岩畫，其中最醒目的是太陽神畫。而抬頭仰望，可看到許多保育類羊群出沒穿梭在陡峭的岩壁上，構成一幅活靈活現、美麗祥和的畫面，身歷其境，有臨場震撼感，至今我仍記憶猶新。

# 我的優質人生從退休後開始

攝於賀蘭山上

### 2. 雲水謠

　　同學俊夫在福建漳浦開設農場，幾個同學經由小三通搭船去廈門，他開車來接我們，一行人沿路有說有笑的經過「四菜一湯」土樓午餐，後前往雲水謠。晚上住宿於「我在雲水謠等你」旅館。

　　雲水謠原名「長教官洋村」，後因《雲水謠》電影在此拍片上映而改名。由於古鎮風景優美，據網路所載，1997 年至今，已有《雲水謠》《戲班》《土樓村長》《土樓，我的家》《長長回家路》《尋找遠方的家園》《滄海百年》《365 夜》《魯冰花》《女兒之謎》及《土樓故里》等 10 多部電影、電視劇、MTV 在這裡拍攝取景。

　　雲水謠是個純樸的古鎮，古道貫穿其中，住屋沿溪而建。古道是由長汀府（龍岩市）通往漳州府（漳州市）的必經之路，10 餘公里都由鵝卵石鋪成，古道兩旁有好幾棵百年老榕樹，老榕樹枝葉茂密，盤根錯節。古道旁，有一條清澈的小溪，流水淙淙，與老榕樹、鵝卵石，加上清脆的遠山，相互輝映，構成一幅廣闊的原生態美景，予人目憨神醉之感。

　　在我們住宿旅館前面的長教舊圩尾吊角樓（水車）旁的兩棵老榕樹，約有五百年歷史，其中一棵是樹冠覆蓋面積約 2000 平方米，樹幹高 30 多米，樹幹底端要 10 多個大人才能合抱的大榕樹。樹下白天有許多人聚此泡茶談天，也有多人在此合影

留念。榕樹前面就是清澈小溪，溪水中間還有石階可供行走到達溪水的另一端，我們手牽手一起過河，饒富趣味，雲水謠的美，應該就在這古道、水流與老榕樹晝夜交織的舞曲中。

當天我們過溪後，紛紛拿起手機拍照，輪到我被拍照時，有一陌生大陸中年男子，希望我給他拍照，他拍了數張，拍完照後還說：「幾年後我們還會見面」。這有趣的情節，成為好友們茶餘飯後的話題。

到漳浦的第二天，我們去俊夫家。他家很寬敞，農場也很廣闊，參觀農場還要開車。他家旁邊有個石頭公廟，聽說很靈，許多附近居民都會前來膜拜。他夫妻很熱誠，還特地去買了大閘蟹招待我們，讓我們感到滿滿的溫暖。

去雲水謠先到「四菜一湯」土樓

# 我的優質人生從退休後開始

同學俊夫家庭院

## （二）國外景區

　　在職時，我每年會出國旅遊一、二次，已經到過新加坡、馬來西亞、印尼、日本、加拿大、德國、法國、比利時、瑞士、澳洲、克羅埃西亞暨其鄰近國家。這些國家各有千秋，其中加拿大洛磯山脈的路易斯湖等風景美得讓人窒息；瑞士的居住環境，每一個角落都像月曆的風景照；法國塞納河畔頗具特色的艾菲爾鐵塔以及巴黎最美麗最浪漫的香榭里舍大道；澳洲 Springbrook National Park-Natural Bridge 內滿滿藍綠色光的螢火蟲，以及克羅埃西亞十六湖的湖光山色，這些美景，都深深地烙印在心裡，實在難以忘懷。

　　我退休後也參團到過許多國家，包括北越、澳洲、紐西蘭、芬蘭、挪威、丹麥、瑞典、西班牙，葡萄牙、美西、日本、韓國、柬埔寨等國家。北越下龍灣石島的千姿百態；澳洲雪梨歌劇院的宏偉、典雅；紐西蘭庫克山公園蒂阿腦湖區的螢火蟲如鑽石般的閃爍；芬蘭以天然岩山鑿建的磐石教堂；瑞典斯德哥爾摩市政廳舉行諾貝爾頒獎晚宴的會場；挪威的索格納峽灣及哈丹格峽灣的壯麗景觀；丹麥金碧輝煌的腓特烈古堡；西班牙約有兩千年歷史，被列為聯合國世界遺產的羅馬水道橋；西班牙集巨大與纖細於一身的賽維亞教堂；葡萄牙有我見過最美麗的萊羅書店；而美西虎嘯山莊的紅木森林火車、壯闊的大峽谷國家

# 我的優質人生從退休後開始

公園、奇特的火焰谷、大峽谷洞穴 B21 探險；日本和歌山的楓葉；
韓國的愛寶樂園暨裴勇俊拍《冬季戀歌》的南怡島；十二世紀
印度佛教寺廟建築的柬埔寨吳哥窟。這些地方都曾讓我流連忘
返，至今難忘。

攝於芬蘭

葡萄牙萊羅書店

西班牙羅馬水道橋

攝於吳哥窟

# 我的優質人生從退休後開始

上述這些我們到過的名勝，我覺得 CP 值最高的是紐澳、北越以及美西之旅。茲分述如下：

## 1. 紐澳雙國

我婆家在台中，是一個大家族。外子有四個兄弟和一個妹妹，彼此來往密切，感情融洽。我退休前幾個月，妯娌們建議我退休後大夥兒來個家族旅遊，經商議結果，決定參加澳洲及紐西蘭的雙國之旅。

這次的旅行，對我來說非常特別，因為第一次和小叔、小姑及妯娌們一起旅遊，意義非凡，另一方面澳洲我曾於 2013 年的舊曆年和外子以及兒子去旅遊，所以是舊地重遊；而紐西蘭常從朋友口中得知大概，是我一直希望前往探究的國度，所以在我退休的次月，我就懷著很興奮的心情去享受這趟奇特之旅。

這趟行程很豐富，我們從澳洲的墨爾本市區觀光開始，參訪了聖派翠克大教堂、費茲洛花園、庫克船長小屋、聯邦廣場、維多利亞現代美術館以及皇家植物園，也到墨爾本東北邊的丹頓農山脈，並驅車前往飛利浦島自然公園觀看「神仙小企鵝歸巢」，再搭客機前往紐西蘭基督城，一路遊覽亞瑟隘口國家公園、去仙蒂鎮體驗淘金的樂趣，並搭乘古董蒸汽火車於原始森林中感受紐西蘭西海岸國家公園冰河綠意盎然的植被，我們也搭天際纜車前往鮑伯峰山頂，從空中鳥瞰皇后鎮如仙境般的美

景,也到米佛峽灣去看著名的鏡湖及荷馬隧道,並搭遊艇遊覽冰河遺跡及被塔斯曼海水切割深谷而成的峽灣景觀、也到蒂阿腦湖看螢火蟲,再到庫克山國家公園訪勝,後回澳洲雪梨,參訪雪梨歌劇院等。

還未去旅行之前,朋友跟我說,紐西蘭去的第一天,看到的是一大片的草原,第二天、第三天所見,也都是一樣的景色。言下之意,除了草原之外,紐西蘭應該沒有具有特色的地方。當我到當地旅遊,我發現朋友所說,只對一半,因為只要細心地去體會與觀察,還是有很多值得參訪。我們這趟行程確實安排得很好,有些風景很值得回味,有些經驗值得提出分享。茲列述之:

(1) 搭雙腳外掛的火車:墨爾本東北邊的丹頓農山脈,是墨爾本夏天的避暑勝地,由於氣候較為涼爽,所以有許多的花園和農地。我們搭乘普芬古董蒸汽火車遊覽,這火車開得很慢,遊客會依照傳統的搭乘方式,將雙腳外掛在車窗外晃盪,個個童心未泯,十分有趣。

(2) 看神仙小企鵝歸巢:旅遊的第三天傍晚,我們驅車到達飛利浦島自然公園,這時海灘的看台上已經聚集滿滿的人潮,這些都是來欣賞世界上體型最小的企鵝從海裡返回陸地的情景。主持人說,這些小企鵝又稱神仙企鵝,只有 30-33 公分高,背部是鐵藍色的,但胸部是雪白色

的，這些小企鵝從清晨一、二點就離巢出海，傍晚就會沿著木板步道回巢，為避免打擾到小企鵝，再三交代不可喧嘩，不許照相。大夥兒很有默契的靜靜等待，約莫30 分鐘左右，一列列的小企鵝，歪歪斜斜的向著牠們的巢穴前進，非常可愛，我不過癮，還到小樹叢中尋找到牠們的身影，雖不能照相，但我要看個夠。

(3) 體驗紐西蘭海關的嚴格：我們在墨爾本的幾次餐點都不錯，其中一位團員將喜歡但沒用過的果醬隨手放在背包，因為在澳洲已第三天，所以她忘了這件事。當第四天我們搭乘客機到達紐西蘭基督城過海關時，海關人員問這位女性團員是否有帶吃的東西，她回答「沒有」，於是海關要她把果醬拿出來，並帶進內室繼續詢問了一個多小時，還好導遊反應很快，進去看他並告訴這些海關官員，說這位女性團員聽不懂英語，所以海關問她，她以為詢問是否攜帶違禁品，所以回答 "no"，之後海關才放人。此事件足見誠實很重要，而紐西蘭海關的把關也確實非常嚴格，以後要特別注意。

(4) 飽受地震摧殘的基督城：基督城位於紐西蘭南島東岸，是紐西蘭第三大城市，紐西蘭南島的第一大城市。2011 年時 2 月，在其東南 10 公里的利特爾頓發生 6.3 級的強烈地震，該城市造成重大傷亡，市中心廣場中

具有文藝復興式的天主教堂也被地震摧毀，迄今仍未修復，本來基督城是一個環境潔淨、草木繁盛，有「花園之城」之稱的美麗城市，如今有部分地方仍處廢墟，看了不勝唏噓。2016 年 11 月，據新聞報導，此地又發生 7.8 級地震，恐又再次阻礙其整建之路。深感水火無情，地震亦是。

(5) 紐澳螢火蟲有別 :2013 年，我們在澳大利亞時，有自費參加春溪公園不遠的萊明頓國家公園的原始森林去看螢火蟲。由雪梨出發，車程約一個半小時，途中由於擔心驚擾到公園內的動物，所以車內關燈，僅開車頭燈，導遊擔心我們無聊，還讓大家摸彩，有三個名額，我就是其中一個，得到 QQ 蟲形軟糖一包。快到 glow worm tunnel 螢火蟲洞前，導遊先帶我們去觀賞南十字星，導遊的螢光筆直指星空那無光害美麗的銀河，告訴我們各個星星的名字，頗富趣味。要進螢火蟲洞穴時，將團員分組，我們手拉手有序的進入，在黑暗清涼的洞穴觀賞數以萬計的螢火蟲，它們不飛，靜靜的展現美麗的藍光，就像一大片匯集的藍寶石，光耀奪目。而這次的旅遊，有到紐西蘭蒂阿腦湖去看螢火蟲，螢火蟲在活性的鐘乳石洞，必須搭乘小舟入內，大概季節的關係，裡面的螢火蟲，雖然也像鑽石般地閃爍，但沒有

# 我的優質人生從退休後開始

澳大利亞的多，所以有點失望。

(6) 壯觀的庫克山 (Mt. Cook)：庫克山，原住民毛利語稱為 Aoraki，是「穿雲之錐」的意思，海拔 3764 公尺，是紐西蘭最高的山，也是大洋洲的最高峰，有「南半球阿爾卑斯山」的美稱。庫克山附近環繞著塔斯曼山 (Mt. Tasman) 等 18 個 3000 公尺以上的高山，以及多達 360 條的冰河。庫克山被冰河侵蝕成 V 字形的山谷前，有 Lake Pukaki 和 Lake Tekapo 兩個寧靜又美麗的湖泊，景色非常壯觀。我們到達時已傍晚，夕陽仍灑落在部分山上，一片金黃，很好看，而我們身在群山環抱中，也很想到處窺探這山中奧秘，沒想到走到一半，就下起傾盆大雨，於是中斷了我們的探險。晚上我們住在隱士廬飯店，在飯店吃到這段旅行中最精緻的晚餐。餐點區分東西方特色，我還是喜歡東方料理，連日本納豆都覺得好吃。很可惜的是當天晚上本來要去看天空現場秀，因天公不作美而取消，殊為可惜。

(7) 庫克山的特殊景觀：我們到庫克山的第二天下午，驅車到達 Lake Tekapo。聽導遊說，這裡如果是魯冰花的花開季節，有山，有湖，還有遍地的魯冰花，簡直就是人間仙境。很可惜，我們來的季節不對，但是我們不放棄，還是到處尋找魯冰花的蹤跡，終於被我們找

到好幾株，有紫、紅、黃等顏色，賞心悅目。在 Lake Tekapo 湖畔，還有一個牧羊人教堂，那是早期來到 Mackenzie Country 麥肯錫地區開墾的牧羊人宗教信仰中心，也是很特殊的景物，也讓我感覺信仰對人類的重要，尤其在這高山上的教堂，感覺也意味著接近上帝的用意。

(8) 典雅高尚的雪梨歌劇院：這趟旅行有安排參訪雪梨歌劇院，是很吸引人的行程安排。雪梨歌劇院座落於雪梨港灣的班納隆角，旁邊是綠意盎然的雪梨植物園。雪梨歌劇院是由普立茲克獎得主的丹麥建築師 Jorn Utzon 所設計，其外觀極具創新的設計，仿佛巨大的貝殼，其實當初設計構想是來自於「橘子」的樣式，它是二十世紀偉大建築工程之一。歌劇院有解說人員專業導覽，內部總共有八個表演廳，每年依不同季節演出精彩的歌劇、戲劇以及音樂表演活動。我們參訪這世界級的表演場地，觀賞到其內部精緻的裝潢和極具現代感的空間設計，何其有幸！

# 我的優質人生從退休後開始

搭乘普芬古董蒸汽火車

庫克山牧羊人教堂

# 我的優質人生從退休後開始

### 2. 北越之旅

2017 年 11 月底至 12 月初，和中油退休人員一起去北越河內、下龍灣和陸龍灣生態保護區旅遊，團費較高，但是吃、住都很好，所以很值得。

河內位於越南北部紅河三角洲，是越南的工業和文化中心，同時也是越南歷史古都，人口約 800 萬。河內的地形和道路都狹長，人也比一般瘦小，聽導遊說這是越南三特色。

我們第一天先驅車到下龍灣，中午吃 Madam Yen 精緻越式料理，後欣賞越南相傳已逾千年，享譽國際的國寶級《水上木偶戲》，晚餐則是 PARADISE SUITES 西式套餐。第二天，我們 Check-in 登上 Paradise Elegance 天堂雅麗號船。上船後，放好行李，即乘坐竹舟遊覽 Cua Van 漁村，風光明媚，景色怡人。

天堂雅麗號船很精緻，房間設備相當齊全，還有行李間。可在房間的陽台觀賞下龍灣美景，尤其夜景更是迷人。船上都是外國人，只有我們幾個是東方人。我們的餐點只要你認為好吃的，就可無限制享用，我記得芒果冰沙很可口，多點了幾次。晚上還可點一杯酒，聽聽歌星現場演唱，也可跳舞或到船邊釣魚。隔天早上除了教我們太極拳，還帶我們參觀 Sung Sot Cave 驚奇鐘乳石洞。

第三天，我們返回河內，除了遊覽還劍湖並搭環保電動車參訪 36 古街。晚上住宿於 Sofitel Legend Metropole Hanoi Hotel，酒店非常豪華，聽說美國總統川普到河內，也是於此住宿。我們在此飯店連住兩天，在酒店還有一個很特別的小白宮，那是酒店的咖啡屋，裡面滿滿各式各樣的巧克力，我們在此享受了很豐盛與特殊的下午茶。

行程的倒數第二天，我們到陸龍灣長安生態保護區，搭乘小舟欣賞石灰岩奇景。晚上在河內 HOTEL DE L'OPERA 歌劇院酒店內餐廳吃法國套餐，還規定穿著必須是 smart casual。

這次的旅遊，處處驚喜，真正享受首席待遇。

# 我的優質人生從退休後開始

乘坐竹舟遊覽 Cua Van 漁村

北越下龍灣英雄島
2017-11-30 8:31 AM

攝於北越下龍灣英雄島

# 我的優質人生從退休後開始

### 3. 美西之旅

　　參團國外旅遊，美西之旅也讓我印象深刻。因為外子不喜歡長途飛行，所以二姊和我一起去。旅遊重點包括舊金山的咆嘯山莊和參觀金門大橋；搭國內班機到拉斯維加斯，遊覽火焰谷州立公園、大峽谷國家公園；復到旗竿鎮大峽谷洞穴 B21 探險；再到拉芙琳的洛杉磯好萊塢星光大道及中國戲院、杜比劇院參觀；最後由洛杉磯搭火車到聖地牙哥的老城區遊覽及參觀中途島號航空母艦。

　　遊覽咆嘯山莊，讓我想起了英國文學家艾蜜莉伯朗特 (Emily Bronte) 所著 - 英語文學經典小說《咆嘯山莊 (Wuthering Heights)》，那種愛恨情仇付出的慘痛代價，給予讀者深深的警惕；而宏偉的金門大橋，其所用的鋼絲可繞地球 3 圈半，不可思議；最為人稱頌的大峽谷國家公園，是世界七大奇景之一，其壯闊與大自然的鬼斧神工，令人讚嘆！

　　由於美西很多人都去過，相關熱門景點部分都熟，我不再贅述，但 Apple Park Visitor Center 和大峽谷洞穴這兩個景點，我詢問周遭朋友，很少人造訪過，而這兩景點卻是最令我懷念的地方。

攝於舊金山金門大橋

攝於大峽谷國家公園前

參訪中途島號戰艦

# 我的優質人生從退休後開始

### (1)Apple Park Visitor Center

Apple Park 是前蘋果公司執行長史帝夫·賈伯斯依據他對史丹佛大學的回憶所提出建造的理想工作場所。其土地面積達 176 英畝 (71 公頃 )，建築風格為未來主義，相當特殊。

Apple Park Visitor Center 從外表看是一座玻璃屋，裡面有 Apple 直營店以及美國總部銷售的限定商品。而建築物的屋頂，鋪設大量太陽能板，供電能力為 17MW( 百萬瓦 )，足以供應此建築物的用電。

進去後，服務員先做簡介，然後帶我們到一個高低不平且上面無任何裝設的檯面前，要我們戴上一種很特殊的眼鏡，然後給我們電腦筆，只要筆所指的地方就會有神秘盒子打開來，然後顯現 Apple 廠區的配置及運作情形，連內部車子來往都可清楚見到，讓我感到詫異與讚嘆，開了眼界。看完後往樓下一層，會經過似由白色大理石磨成的階梯，光滑細緻，很壯觀，其洗手間及電梯的設置，也是低調的奢華，整體的感覺很棒！

和二姊 Apple Park Visitor Center 合影

# 我的優質人生從退休後開始

### (2) 大峽谷洞穴

旗竿鎮的大峽谷洞穴，依據旅行社發給之資料記載，它為美國最大的乾燥洞穴，深入地下 210 英尺，因 3 億多年前位處海洋底部，海洋動物骨骼遺骸經年累月堆積成石灰岩地質，經地殼活動擠壓上升，目前已超過海拔 5000 英尺之高。由於數百萬年前的大量降雨期，弱酸性雨水滲入侵蝕成洞穴，當積水褪去後，又經過百萬年的時間才完全乾燥。目前洞穴內全年恆溫攝氏 13 度。由於全世界 97％的石灰岩洞穴都是潮濕的，所以這個乾燥洞穴相當珍貴。

我們到達目的地後，導引人員帶領我們搭乘於 1962 年開始使用的電梯，下降到 21 層。經過導引人員的解釋，得知建造電梯升降井用了 90 箱炸藥，歷時兩年才完成，又安裝電器設備和電纜也用了一年的時間，足見其工程之浩大。由於幾千年來洞穴一直很乾燥，所以沒有形成新的岩石結構。洞穴中僅有為數不多的鐘乳石，其餘的都是「碳酸鈣」和「石灰」的混和物。裡面區隔有水晶屋、教堂、古水道、人造隧道、黃金大廳、雪球宮、神秘屋等，另有動物木乃伊山貓及史前地懶複製品。

在洞穴裡，我們看到的天工地造教堂，上面有個教堂圓頂，導引人員說古代它是一個瀑布。1977 年 4 月 15 日及 2000 年 11 月 11 日，分別各有一對新人在此教堂辦理結婚典禮，前者的婚紗及後者的新娘捧花，由於在乾燥以及始終維持 13 度的洞

穴，至今仍完好如初。

　　「黃金大廳」是最大的房間，有 190 米長。在 1962 年 10月「古巴導彈危機」時運來大量的民用防禦儲備，可供 2000 人維持兩周，這些食品至目前仍保存良好。

　　神秘屋是空氣進出洞穴的地方。1958 年，他們為了解這個洞穴的進出所在，於是點著幾顆煙霧彈，然後用直升機尋找，結果在大峽谷的 "Havasu" 瀑布附近發現煙的蹤跡，於是確定洞穴空氣來自 40 英里 (64 公里) 外的大峽谷。

　　據導引人員說，1850 年，在洞口附近發現了有山貓掉進洞穴，推估存活了三周，因為肺部乾枯無法呼吸而死亡，由於洞穴的乾燥，形成了木乃伊山貓。另有一史前地懶的複製品，據推估在 2 萬至 1 萬 1 千年前，地懶掉入洞口並腐爛，人們在 20世紀 50 年代後期發現了它的骨骸，將之送至亞利桑那大學保存，並由該大學製作與實體一樣高大 ( 高 3.1 米，體重 1 噸 ) 的複製品放置於此。現在岩壁上還有地懶掉下後試圖逃出在岩壁上所留下的抓痕。

　　大峽谷洞穴真的好特殊，到達地下 21 層，有點陰森，但因為乾燥，所以不會有霉味，所有的陳設對我來說，都覺得很新奇。

# 我的優質人生從退休後開始

洞穴黃金大廳

# 三、自助旅遊

兒子喜歡旅遊，也懂得規劃，且英語流利，有較長假期時他會帶我們夫婦出國遊玩。我退休後，帶我們去過韓國、日本，另因外子不喜歡搭長途飛機及搭郵輪，所以德國、英國和搭雙子星號郵輪，都只有我倆同行，其中德國還去過兩次。我們每次旅遊，都很盡興，也驚喜連連。

　　和兒子出國，他會先買好機票外，在國內就規劃好遊覽路線，訂好旅館，查好交通工具，有些車票在國內就訂定，有些參觀地點還要預約，或者預訂當地的 tour，一切就緒後才出發，所以他是一個值得信賴的人，跟他出門，可以輕鬆自在。

　　每次和兒子到國外，我們無所不談，包括他的工作，對事的看法等等，這是我們溝通的好契機，我都會把握這最棒的親子時間。每到達一個景點時，他就會 Google，找附近的相關景點以及美食等資訊，俾使我們行程更順當、更豐富。記得我們抵達英國泰晤士河倫敦塔橋 (Tower Bridge) 時，兒子還教我唱 "London Bridge is Falling Down" 這首兒歌，這是多麼幸福的畫面呀！

# 我的優質人生從退休後開始

## （一）德國

2016 及 2017 的兩個舊曆年，兒子和我都在德國過年。這時德國亦值冬季，我們不會感覺很冷，惟有些風景區因為積雪太厚，還是關閉，但還是有許多好玩的地方，像科隆大教堂 (Cologne Cathedral) 的宏偉，萊茵河 (Rhine) 畔的壯闊又美麗的山水、曾經是東西德政治分野的柏林圍牆 ( 德語 :Berliner Mauer)、布萊梅 (Bremen) 童話大道等等，都留下深刻的印象。

我們前往旅遊的景點，大部分搭火車，沿途許多房子連屋頂都被皚皚白雪所覆蓋，就像一座座聖誕節的大型薑餅屋，非常漂亮！尤其是黑森林這個地方，整片森林都是銀白色，走入其間，會感覺像走進《冰雪奇緣》的電影情節，很想唱歌跳舞歌頌一番；我們還去菲爾德山滑雪場 (Feldberg Ski Resort)，體驗德國人滑雪盛況，因為我們沒有滑雪技能，所以我們玩丟雪球，也玩得不亦樂乎！

德國的食物，要屬德國豬腳加上一杯啤酒是最棒的了。我們兩次到德國，都去捧「粉紅豬」餐廳的場，這家的豬腳不油膩，價錢也公道，氣氛也不錯；另有一次參觀海德堡古堡 (Heidelberg Schloss) 後到街上的餐廳午餐，點了德國豬腳，服務員端來時豬腳上面還插上一支刀子，很有氣勢，感覺就非常誘人，於是大快朵頤。

## (二) 英國

2018 年的舊曆年，我們去英國倫敦，感覺比德國冷。在倫敦，我們住同一旅館，除了參加當地的 tour 外，每天放射線的往各地遊覽。倫敦要玩的地方太多了，有名的牛津和劍橋大學，一定要去參訪；還有白金漢宮的衛兵交接儀式、倫敦塔橋、倫敦眼 (London Eye，歐洲最大的摩天輪)、大笨鐘 (Big Ben)、千禧橋 (Millennium Bridge) 等，都在我們的行程中；大英博物館 (British Museum)、維多利亞與艾伯特博物館 (Victoria and Albert Museum)、泰特美術館 (Tate Museum) 等，都是我的最愛。我們兩人還一起去參加西敏寺的早禱，過程莊嚴肅穆，在這裡才知道許多英國君主、貴族、詩人、政治家、科學家等都安葬於此，也才知道查爾斯·達爾文 (Charles Robert Darwin) 的墓碑就在一樓中間很醒目的隔牆上，足見這位英國的博物學家是多麼受到英國人的崇拜。

攝於英國倫敦眼

　　在英國用膳方面，除了西餐，還有一些其他選項。我們兩個去英國的第一天，就去網路所推薦 CP 值最高的 Burger & Lobster 龍蝦漢堡連鎖餐廳用餐，龍蝦新鮮好吃，且與一般西餐比較，確實物美價廉；我們也曾到中式自助餐廳吃過幾次，烹飪方式符合我們習慣，且有青菜，也是不錯的選擇；另外也曾到倫敦最有名的波羅市場 (Borough Market) 站著吃生蠔及各種貝類的海鮮，別有一番風味。

於劍橋大學划船

攝於劍橋大學 - 徐志摩《再別康橋》

攝於倫敦鐵橋

# 我的優質人生從退休後開始

## （三）寶貴經驗

我倆的德國與英國倫敦之旅，實在是豐富且愜意。兒子喜歡旅行，有次不慎將手機遺失，我們在德國自助旅遊的照片多在裡面，現在僅剩我手機裡寥寥數張照片，殊為可惜，但並未因此降低我對德國的好印象，也未沖淡我對兩次德國自助旅行的回味。現在就以敘述的方式，把我們一起出國的寶貴經驗臚列之。

### 經驗一

我兒子常說德國人很守紀律，所以他很喜歡德國。我退休後的第一個舊曆年，我們到德國旅遊。

德國北萊茵 - 威斯代倫州山城地區的屋帕塔爾 (Wuppertal) 這個地方，因為它多山，地下水位高，致屋帕河 (Wupper River) 常氾濫成災，為因應這種複雜的地理特徵，在一百多年前，就使用懸掛式列車 ( 德語 :Wuppertaler Schwebebahn) 作為當地居民與遊客的交通工具。此種列車是一條懸吊式單軌鐵路，名為「電器高架 ( 懸吊鐵路 ) 工程，渥伊根·朗恩系統」 "Anlage einer elektrischen Hochbahn(Schwebebahn)，System Eugen Langen"，該系統是世界上最古老的電器高架懸吊式鐵路。這種懸吊式的單軌鐵路，在我們看來，像是懸空纜車，讓人好奇，於是前往搭乘。

懸掛式列車是全鋼結構，全長 13.3 公里。前面 10 公里以距離地面 12 米的高度駛過屋帕河，剩餘 3.3 公里，則以距離地面 8 米的高度穿越屋帕塔爾市區。時速最高 60 公里，全程經過 20 個站點，需時 30 分鐘，票價 1.5 歐元。

由於列車沿著屋帕河行走，我們選搭在車廂最後一排，像小孩子般地趴在椅背上，看著車子經過的河水淙淙，兩旁花木、街道、房屋不斷的向後移動，非常奇特，我們兩個一路驚呼，德國人看到我們如此快樂，還特地將最後一排的位置全讓給我倆，讓我們玩個過癮。

### 經驗二

德國人，並不會如想像中的冷漠。相反的，我們在旅途中，不管是問路或用餐問題等，他們都非常熱心指引。

有一次，我們到德國巴伐利亞邦美因河畔的符茲堡 (Wurzburg)，看到一棟很特殊的建物，隨即下車欲前往觀賞，原來是一間博物館。到達館前，巧遇一對夫婦，告訴我們樓頂花園視野遼闊，可上樓欣賞美麗的市景。於是帶領我們搭電梯直上，到了頂樓，果真如其所言。這位女士幫我們照相，還跟我聊了很多，得知他們夫婦也是公務人員退休，小孩子都已成家立業，所以到處雲遊，她還提供附近的一些秘境供我們參考。

與這對夫婦談得非常愉快。這中間還有一個小插曲，就是

# 我的優質人生從退休後開始

外國人對東方人年紀不太會分辨，還以為我跟我兒子是夫婦，鬧了笑話。後來要請我們喝咖啡，因我們另有行程而作罷，但我們離開時，這女士對我又親又抱，我們下樓後，還在樓上揮手道別，讓我們感受滿滿的溫暖。後來有朋友告知，這似非德國人之作風，可能是鄰近國家之移民。

### 經驗三

第二次到德國，去到黑森林的地方，下火車後，看到處處覆蓋厚厚白雪，因為從沒見過，我「哇！」一聲驚叫，讓火車列車長及同車人員投以問號的目光。

當時德國政府為鼓勵人們到黑森林觀光，所以投宿的旅館都會贈送兩日免費搭乘火車及汽車的票券。因為我們到黑森林時已傍晚時分，民宿主人開具的票券拿著也沒看，就到「巴登巴登」（依據德文，巴登巴登，就是一個風景優美好玩的地方之意）去玩，去時在火車上遇到查票，列車長告訴我倆：「Your ticket has expired and you have to buy a ticket.」，原來民宿主人開立票的日期寫錯將 February 寫成 January，因為搭車就是要付費，所以列車長要我們重新購票，並交代我們可回住宿旅館索款，設若對方置之不理，可於 Information 處提出控訴，這樣旅館就會吃不完兜著走。

在「巴登巴登」，街上很熱鬧，建築很特殊，雖是晚上，

公園在燈光照耀下，瀰漫著浪漫氣氛。兒子和我陶醉在美景與歡愉氣氛中，突然間，兒子跟我說：「媽！我對不起妳」，我以為他丟了錢，一問才知道，原來兩個人貪玩，已經沒有火車可回黑森林。我於出發前也有看過火車時刻表，記得還有一班車可以搭回去，所以兩人隨即驅車前往火車站，經查，確實還有一班中途轉搭的火車可以返回。兒子又說：「媽！我們的危機還沒有過去，因為轉車時間只有三分鐘，要轉的那般火車準時到達，而我們過去這班火車慢了五分鐘」，我說沒關係，我們上車就去找列車長，請他幫忙。兩人一上火車後，隨即找列車長說明，列車長就是原來去「巴登巴登」時要我們補票的那位，他很快地說：「It's Okay, I'll ask the train to wait for you.」，經列車長這麼一說，我們兩個就放心了。轉車時果然看到列車已在另一月台等候，隨即高興地上車。等火車到達黑森林後，才看到剛剛那個列車長也跟我們一樣轉車到達這裡。

回到旅館夜已深，翌日，我們將昨日火車券開錯日期的事告知民宿主人，並出示購票證明，對方隨即道歉，並歸還票款。這次事件，給了我們三個啟示，第一，他人所給物品，需要確認，以免誤事；第二，出外旅遊必須守時，切忌流連忘返而耽誤車班；第三，德國人是非分明，不會推諉塞責，值得我們效法。

# 我的優質人生從退休後開始

### 經驗四

兒子知道我喜歡具有歷史性與知識性的特色景點，所以我們第二次要去德國前，他就上網登錄德國柏林國會大廈的參觀預約。

德國柏林國會大廈是現在的德國議會所在，它於 1884 年興建，嗣經戰火摧毀，於 1973 年重新修建完成。

預約當天，我們搭乘地鐵至 Brandenberger Tor，步行約 10 分鐘後到達。到達後首須用手機秀出預約確認信，然後經過維安檢查，後由服務員一批批的帶進國會大廈，再發給每人一個語音導覽，內有中文的說明。

我們從底層開始聽感應式的語音解說，說明的內容包含議會的運作方式、所產生的功能，以及國會大廈的歷史與結構等。這棟國會大廈屬於綠建築，它採用玻璃與天井取得日光，由於天然採光，白天不用開燈；還有在此大廈的屋頂上裝有一百組太陽能電板，藉由其運轉的能量，來供應議場內的通風系統；又德國冬天冷，夏天溫度也在 20 度以下，所以其運用精密技術，將夏天的熱能儲存到建築底下 300 公尺的地下溫水層，於冬天汲取以供應熱水及暖氣；冬天則將冰水儲存在地下 60 公尺的地下水層，於夏天汲取製造冷氣。這種能源的充分利用，以及為節約能源所使用的高超技術，讓我們嘆為觀止。當前世界各國能源日趨緊縮，這種技術如能普及運用，對其他資源缺乏的國

家而言，將會是一大福音。

　　據服務員告稱，國會大廈是很熱門的景點，所以參觀有人數限制，必需採預約制。這是一個很特殊，很值得參訪的地方，我很喜歡，真的很難得。

### 經驗五

　　兒子帶我去英國倫敦旅遊，規劃前往溫莎堡 (Windsor Castle)、羅馬浴池 (Roman Bath) 及巨石陣 (Stonehenge) 等名勝參訪，聽兒子說，這些地方交通甚為不便，所以我們必須參加當地的 tour。

　　因為倫敦還不熟，所以我們找到遊覽車時已經接近出發時間，參團人員都到了，遊覽車只剩下前面一個東方年輕人旁邊的位置，兒子必須坐到最後面一排。一路上，我很想和這東方年輕人攀談，但因他表現一副很酷的模樣而作罷。

　　我們旅遊第一站到溫莎堡。溫莎堡有 286 個網球場那麼大，是中世紀的千年王室古堡，目前仍有王室成員居住。

　　我們遊覽車停離城堡有一段滿長遠的距離。在異地，我習慣於下車後將附近景象及所搭車之車牌拍照，以便回程尋找，兒子則使用 Google 定位。到達城堡後，導遊分配給每個人一個觀光耳機，可以調到中文的位置。剛開始是查爾斯王儲致歡迎詞，然後每到一個參觀地，都可以聽到很清楚的介紹，古堡內

# 我的優質人生從退休後開始

有很多精美的藝術收藏及壁畫等,美不勝收。

　　參觀完畢,我們很順利地找到遊覽車回座。不一會兒,集合時間已到,但不見我鄰座的這位東方年輕人,只聽到導遊一直看她的手錶,然後打電話回公司,說她已等那位旅客5分鐘,仍未到,必須開車了,遊覽車就這樣駛離了溫莎堡。我告訴兒子,那個年輕人或許會在下一景點回來會合,兒子說,這地方連計程車都不容易叫到,參加國外旅行團是不會等人的,守時相當重要。之後我們遊覽羅馬浴池及巨石公園,一直到當天旅遊回到倫敦,都沒有看見這年輕人回來。這次事件給我很大的啟示,絕不能遲到。

攝於巨石公園

# 我的優質人生從退休後開始

**經驗六**

兒子帶我到英國旅遊，牛津及劍橋大學的參訪，是我夢寐以求的景點。進入這兩個學校任何一個學院，都需付費，如果價錢不高的，多半不用進去，因為少有看頭。

牛津大學，是經濟學家亞當斯密和歌劇魅影音樂劇作曲家安德魯·洛伊·韋伯的母校，它培育了許多傑出的校友。其基督學院 (Christ Church College) 是《哈利波特》電影取景地。到此參訪，主要是進入 Great Hall，它是《哈利波特》電影中魔法學校學生與教授集會、用餐、接收貓頭鷹送來信件和包裹的 Dining Hall，所以處處瀰漫著霍格華茲氛圍。

當我們感受那濃濃魔法氣氛出來後，我發現樓梯旁邊有一個大且高的木箱子，感到奇怪，於是問問旁邊的管理員，他告訴我，那是百年電梯，僅供貴族、貴賓來訪時搭乘。我一直觀看，它一點也不像電梯，服務員看我很好奇，於是說他願意帶我搭乘。電梯只有從一樓至二樓的 Great Hall，搭乘時間不到一分鐘。這電梯雖然歷史悠久，但保養得非常好，順暢且無一點雜音。我和兒子有幸充當貴賓，無比歡喜，讚嘆這一趟奇幻之旅！

攝於牛津大學學院餐廳 ( 哈利波特電影場景 )

# 我的優質人生從退休後開始

**經驗七**

我們到英國倫敦，是住在 King Cross 火車站附近的一家旅館，旅館面對公園，鬧中取靜，環境還不錯。我們每天總是一早出門，晚晚才回家。有天晚上返回旅館時，有兩個人突然竄出對著兒子說，要帶他去好玩的地方，我見狀立即奔跑，一方面不要造成兒子的負擔，另一方面欲回旅館找人前來解圍，結果跑了約 50 公尺，警察就出現了，將那兩人帶走，解決了我們的險境。

經歷了這件事，兒子讚譽我反應快，否則他還要照顧我，會更加麻煩。另一方面，我們很謝謝英國警察，也認為英國治安確實不錯。

## 《小確幸》

1. 結交了許多新朋友。
2. 與家人的感情越來越好。
3. 開闊了新視野。
4. 加強了應變處理能力。
5. 瞭解旅遊國家的民情風俗，增添了知識領域。
6. 英語表達能力進步了。

# 肆、出國遊學趣

　　退休三年後某一天，好友 Season 來電，說她職場生活即將結束，希望我能和她一起去英國愛丁堡 (Edinburgh) 遊學，起先我認為英文程度不怎麼樣，實在沒有勇氣接受這個挑戰，經她一再地說明與鼓勵，才勉為答應，也就開始規劃及準備我的遊學之旅。

## 我的優質人生從退休後開始

# 一、準備及出發

**退**休後的學習，我著力在書法方面，一有空，就練習寫毛筆字。至於參加的旅遊英文班，雖有預習、背誦、複習，但沒有太多心力放在這裡，加上旅遊英文的內容多為會話，對於真正的英語程度，那還差之毫釐，失之千里。現在不久就要去參加遊學，也沒什時間再做準備，想說銀髮族遊學班，沒甚麼大不了，應該只是日常生活的英語會話而已，所以也就把《說著英語去旅行》這本書再拿出來背一背。

此次的遊學團，係由惠安集團主辦，定名為《STUDY TOUR in SCOTLAND 英國愛丁堡熟齡遊學團》。於行前說明會時，承辦遊學人員告知航班資訊、搭機禁止攜帶手提或托運行李物品、英國地圖、行程內容、學校概況、英國三餐、注意事項、保險涵蓋項目、認識英國貨幣及外幣匯率、英國緊急聯絡資料、慢性病注意事項等。由於遊學期間適逢愛丁堡藝術節，所以有關藝術節的相關表演，也做了概述。

遊學團從 2019 年 8 月 3 日出發，同月 25 日返國。至於攜帶的物品，我們依據旅行社的囑咐，除了護照 ( 注意有效期限 ) 外，攜帶的項目包括：錢 (500-800 英鎊，當時英鎊 1 元兌換新臺幣約 39.47-39.65 元 )、信用卡、個人藥物 ( 包含藥袋、英文

藥物名稱)、水壺或保溫瓶、背包、轉接頭(旅行社提供)、變壓器(如吹風機沒有支援220V,就需要帶)、吹風機(英國人洗頭髮採自然乾)、文具用品(在英國購買價格高昂)、拖鞋、智慧型手機(旅行社發給網卡各一張)、太陽眼鏡、手錶、換洗衣物(寄宿家庭一星期用洗衣機洗一次)、盥洗用品(英國人視沐浴乳、洗髮精等為私人物品)、舒適運動鞋等。由於歐洲氣候變化無常,早晚日照與否溫度差別五度以上,所以旅行社建議「洋蔥式的穿法」,最好攜帶輕量羽絨衣或四季防風防水外套。除了上述用品外,我還準備了書法用品(毛筆、墨水等)、一首英格蘭鄉村歌曲 "Scarborough" 以及三首中文歌「高山青」、「茉莉花」以及「祝你幸福」,供適當場合取出獻寶。另為了查閱英文翻譯,旅行社教導我們下載 Google Translate 軟體,以便隨時觸控使用。

　　這次參加的團員有 Bill、Kaiser、Lily、Agnes、Sherry、Benz、Shushi、 Isabella、Cynthia、Jessica、Season、Cindy、Rita、Belle、Margaret 等 15 人。8 月 3 日晚上 8 點,我們約在桃園機場第一航廈集合,導遊 Steven 帶領我們搭乘 23:35 的阿聯酋航空,至杜拜轉機,於次日 7 點 50 分抵達英國格拉斯哥機場,時差七小時。

# 我的優質人生從退休後開始

遊學團抵達愛丁堡

# 二、學校介紹

**我**們前來學習的地方是一所語言學校，名為 British Study Centre School of English，學校地址在 62-66 George St, Edinburgh EH2 2LR。樓下是很大的餐廳，街上多是精品店，附近也有購物商場等，生活機能尚稱便利。

　　學校上課時間是從 8 月 5 日至 8 月 23 日，整整三個星期。這三個星期中，除了第一天是程度分班考試及新生環境介紹，以及最後一天的英語課程結業式外，其餘每天上午都是上英語課；下午則安排不同的參訪或探索，包括觀光巴士市區之旅；參觀蘇格蘭國家博物館 (National Museums Scotland)、英國女王行宮 ( 荷里路德宮 Holyrood Palace)、蘇格蘭國家畫廊 (Scottish National Gallery)、蘇格蘭現代藝術美術館 (Modern Art Gallery)、蘇格蘭國立肖像美術館 (Scottish National Portrait Gallery)、蘇格蘭威士忌體驗中心 (Scotch Whisky Experience) 以及女王不列顛尼亞號 (Royal Yacht Britannia) 輪船；走訪愛丁堡城堡 (Edinburgh Castle)、利斯河 (Water of Leith)、愛丁堡皇家植物園 (Royal Botanical Garden)；探索卡爾頓之丘 (Calton Hill) 並登至亞瑟王寶座 (Arthur's Seat) 一覽愛丁堡全景；以及愛丁堡藝穗節表演欣賞等。至於中間兩個

# 我的優質人生從退休後開始

星期假日，第一星期分別聖安德魯斯 (St Andrews) 與蘇格蘭王的福克蘭皇宮 (Falkland Palace)、洛蒙德湖 (Loch Lomond) 與格拉斯哥 (Glasgow) 之旅；第二個星期六，參觀霍格華茲魔法學校，阿尼克城堡 (Alnwick Castle) 與特韋德河畔伯立克 (Berwick Upon Tweed)；第二個星期日為自由活動。

學校老師一些是固定，另有一些是前來打工的博士生或碩士生，師資都是一級棒。教室因能力分班而不同，都是約 12 人的小班制，每星期更換一次教室，所以每星期一都須前往公告欄查看自己上課的教室。8 月 5 日開始上課，第一天到學校，心情雀躍，因為想著又可重新回到學生時代，每天讀書，滿心歡喜。

# 三、能力分班

到教室以後，學校職員就拿一些資料要我們填寫，當我認真地填寫各項資料時，Steven 突然來跟我說：「大家都在參加程度分班考試，妳趕快填寫試卷吧」，原來我太認真寫資料，沒注意到學校職員已發考卷。剛拿起考卷，看了一下，有填空，也有作文，填空的部分多是文法，作文題目是 "Describe the city where you live."。因為太久沒有考試，很多單字記憶都已模糊，但事到臨頭，還是硬著頭皮就自己的想法把題目做完交卷。

程度分班，是要就考試結果分出高級班、中級班及初級班三種程度。交出試卷，我如釋重負，等了約 40 分鐘後，兩位教職員拿著一份名單進來，開始唱名，首先叫的是匈牙利、西班牙等 4 個外國人後，突然叫 "Cindy"，我嚇一跳，又說 "come from Taiwan"，我確定是叫我了，於是到被分配的教室，約 5 分鐘後，Season 等幾位同學相繼進來了，原來我們這些人都被分配到中級班上課。

# 四、認識愛丁堡

英國位於歐洲大陸西北面,係由大不列顛島、愛爾蘭島東北部分及一系列較小島嶼組成。英國為大西洋所環繞,東為北海,南為英吉利海峽,西南偏南為克亞爾特海,與愛爾蘭隔愛爾蘭海相望。英國總面積達 243,610 平方公里(94,060 平方英里),人口約 6700 萬。

愛丁堡,位於蘇格蘭東海岸福斯灣南岸,是英國蘇格蘭首府,也是繼格拉斯哥 (Glasgow) 後蘇格蘭的第二大城市。全市人口約 50 萬人。在經濟上,主要依靠金融業,是倫敦以外英國最大的金融中心。

愛丁堡有著悠久的歷史,而愛丁堡的舊城和新城一起被聯合國教科文組織列為世界遺產。在愛丁堡城市中,著名的愛丁堡城堡、荷里路德宮、聖吉爾斯大教堂等具歷史性的建築物都保存完好,還有蘇格蘭國家博物館、蘇格蘭國家圖書館和蘇格蘭國家畫廊等重要文化機構都位於此。而古老的愛丁堡大學,為一所歷史超過四百年的世界頂尖名校,吸引著很多國家的青年學子到此就讀,據說其建築系相當知名,在此大學也有很多來自臺灣及大陸的學生。

每年的八月,愛丁堡舉辦國際藝術節等文化活動,將吸引

超過其人口二倍的觀光客前來,使愛丁堡成為了英國僅次於倫敦的第二大旅遊城市。由於以上種種,讓我們對於能到愛丁堡遊學,充滿著憧憬與期待。

## (一) 市區觀光

我們三星期的課程安排得非常緊湊。上課第一天下午,學校安排觀光巴士市區之旅,好讓我們對愛丁堡市區先有個大致上的概念。因為遊學這段期間,我們的活動範圍多在這裡,所以在車上 Steven 做大概上的解說,希望我們之後自己慢慢去接觸,去探索。

愛丁堡的街上都是歷史悠久的古老建築,沒有看到現代化的高樓大廈,而這些保存完善的歷史建築,相當氣派,應該存著豐厚的文化底蘊,很高興我們這陣子可以深入的去挖掘與體會,也可以親自去感受這古老城市的神祕氣息。

我在觀光車上,看到位於王子街花園,高聳醒目的維多利亞哥德式紀念塔,問 Steven,他說:「這是司各特紀念塔 (Scott Monument),它是為了紀念蘇格蘭作家沃爾特·司各特 (Walter Scott) 所設立,要登上觀景台,必須爬 287 個階梯,爬上去的人可以取得紀念證書。目前這座塔屬於愛丁堡政府的產物,由愛丁堡市議會和體育部共管。」這個紀念塔高且顯眼,之後它

## 我的優質人生從退休後開始

成為我們上學時辨認方向的地標。

　　市區觀光，同學們個個拿起相機猛拍照，因為這個城市太迷人了，處處吸引著我們，他真的是一個充滿濃郁歷史的古城。

蘇格蘭國家圖書館

搭觀光巴士認識愛丁堡

## （二）天氣及環境

　　愛丁堡位在高緯度地區，它的一天經常是經歷四季。早上溫度通常在 10 度至 11 度間；中午就可達到 20 度左右，傍晚後又下降至 12 至 14 度間。幾乎天天下雨（下雨機率多在 40% - 70%）。早晚溫差很大，所以早上出門穿輕羽絨外套薄，或 gotax 防水外套，中午就脫下放背包，戴太陽眼鏡，遮陽帽，到傍晚時，又須穿上外套，幾乎天天如此。

　　記得 Matthew 老師曾要同學寫出個人在這次遊學中，三件印象最深刻的事物，有大多數的同學都說每天下雨最讓人受不了，而我最深刻的，除了愛丁堡的建築外，卻是愛丁堡雨水充足，充分的太陽照射，所以經常可以見到一大片的草原，以及如「碗公」般大的花朵，好多地方都花團錦簇。

## （三）交通

　　愛丁堡公車路線很多，還有輕軌電車。每當下雨，抑或下班時間，還是會塞車。

　　上學的第一天，有的有 home mom 送到學校，有的要自行搭公車前往。Season 和我由 home mom 請另一位寄宿生帶領我們去搭 37 號公車。37 號公車有一定的時間班次，上下課尖峰時間約 20 分鐘一班車，所以必須趕上。之後，Season 和

我需要自己來回，於是我們謹記一些建築特色或標誌，希望不要迷路才好。搭公車每次 1.7 英鎊，由於我們沒零錢，所以剛開始時都刷信用卡，因為車費包含在團費內，所以自付的車資，學校有退款給個人。第 2 天下午，學校就派員帶我們去照相並申購 8/7 至 8/23 的定期票，以解決公車車資問題。

　　有關搭公車，發生了一些趣事。第一天下課時，Season 和我看到 37 號公車，卻沒把握，於是將 home mom 家地址給公車司機，剛開始司機說他的車子並未經過我們要回家的路，當我們很著急不知如何時，司機要我們 Google 地圖給他看，他端詳一會，就告訴我們可在哪一站下車。這樣一折騰，足足浪費了司機五、六分鐘，但他並無不耐煩，反而很親切的指點我們，這種耐心與愛心的溫馨服務，讓我們感到十分窩心。有位男同學跟我們一樣搭 37 路公車到家，剛開始時，他每天都須將 home mom 給他的下車站名紙條拿給司機，請司機提醒他哪站要下車，後來他發現我們下車後只要再三站，他就必須下車，所以他喜歡跟我們一起回家，可省去找司機麻煩；另有一位女同學也跟我們同車，但她需要搭更遠，她老是覺得住家附近的房子長得都一樣，所以她每天都將 homestay 的地址問司機或公車上鄰座的客人「她應該在哪一站下車」，她說她這樣可以多練習說英語，因此她樂在其中。有一次她不小心提早下車，遇到一位開車的路人，這位好心的路人還用車子送她回

homestay，她說英國人真的很 nice。

愛丁堡輕軌電車

## （四）蘇格蘭國花

蘇格蘭的國花是薊 (Thistle)。薊花全身荊棘，時刻充滿防禦。傳說很久很久以前，一支北歐軍隊，趁著天黑，悄悄靠近蘇格蘭軍營，企圖將熟睡的蘇格蘭人一舉殲滅，不料，一位赤腳的北歐軍人適巧踩在一株薊花上，痛得大叫，吵醒了蘇格蘭人，壞了北歐人偷襲的妙計，薊花因此成了保護蘇格蘭人的英雄。由於它的特質，和蘇格蘭人不屈強敵、英勇捍衛領土的精神相類似，也因此被奉為國花。

我們知道「薊」是蘇格蘭國花後，曾四處尋找，結果在登上「亞瑟王寶座」時發現了它的蹤跡，其樣子與上所述特質非常吻合。

## （五）蘇格蘭代表性動物

蘇格蘭的代表性動物 - 高地牛 (Highland cattle)。

依據 Steven 介紹，高地牛原為蘇格蘭高地的家牛品種，長毛、長角，有紅、黑、黃、暗咖啡色，也有多種混雜的顏色。其體型頗為龐大，公牛及母牛最重可分別達 800kg 及 500kg，但個性膽小、溫馴、安靜。高地牛臉部那撮毛茸茸的額髮，不僅為牛的標記，夏天可用來驅趕傳播病毒的飛蟲，冬天則可抵禦風雨雪，所以作用還不小。

我們曾試圖尋找高地牛的蹤跡，未果。

## （六）蘇格蘭代表性食物

愛丁堡的食物，和其他歐洲國家一樣，很少蔬菜，水果的樣式也不如台灣多，這點讓我們比較不習慣。我們下課後，常會到 "Marks & Spencers" 超市去逛逛，買些櫻桃、蘋果或香蕉之類的水果帶回 homestay。這三種水果價格不高，尤其櫻桃，一大盒約 5 歐元，很划算。

「羊雜碎 (haggis)」是蘇格蘭的國民菜。它是將羊的胃袋掏空，剁碎羊肉內臟，混合洋蔥及香料，再包成袋狀，有水煮，有油炸，吃起來香味濃郁，這是我在愛丁堡吃過最特別的菜色。

# 五、多元教學

我們上課的老師 Matthew，是一個年輕又帥氣的西班牙人，他只待在西班牙兩年，其餘時間長期居住在愛丁堡。

　　Matthew 教學很多元，在短短的三個星期中，每天都有一些不同的主題，其教學內容大體可區分「字彙」、「聽力」、「閱讀」、「會話」、「文法」五種。

　　上課時，是我們腦力激盪的時候。在字彙方面，Matthew 在正式講課之前，會以傳球的方式，要求接到球的同學說出與上一個同學所講的事、物相關的英文字彙，例如前一個同學說出 "swimming"，下一個接到球的同學就須針對 "swimming" 說出相關的字彙，例如 "water" 或 "swimsuit" 等，如此連續傳球不斷說出自己記得的英文單字遊戲；另外也希望我們用相關字去做連結，例如用 "crime" 的相關字彙要我們運用、解釋及在文句中完成填空；有時我們也玩英文字賓果遊戲，Matthew 發給每人一張紙，讓我們就其中的字隨意挑選於空格上填寫，再由同學一一從 Matthew 手中抽取英文字，並就該字造句，且與自己寫的英文字核對後，如自己填寫的字符合又連成一條線，就「賓果」。

　　在聽力學習方面，Matthew 將同學分為數組，各推一個代

# 我的優質人生從退休後開始

表坐在前面，然後同組人員說出謎題內涵，再由這位前面同學解答；Matthew 也會教導電影分類，然後要我們每個人各說出看過電影的類型、內容、男女主角是誰、結局是甚麼等等，然後由其他同學猜出電影的命名。這種猜字遊戲，字彙要懂得多，聽力又要好，還有電影要看多，所以比較難。

在閱讀能力方面，Matthew 常給我們一些雜誌上的文章，要我們在幾分鐘內看完，然後回答相關問題。記得有次 Matthew 給我們兩篇文章，是敘述 "Tokyo" 和 "Mexico" 兩大城市的交通、市容等議題，希望我們看完文章後做比較的敘述。因為 "Tokyo" 我們比較熟悉，所以都會先看 "Mexico" 部分，然後回答問題就可比較輕鬆。這些文章大多與民情風俗習慣有關，且生字查出後，即可瞭解內容所述，一般比較不產生問題。

在說的能力方面，練習比較多。Matthew 有次以 "What is the biggest city you have ever been to? Why did you go there? What did you think of it?" 這樣的題目由我們自由發揮回答；還有兩次要我們出去角色扮演，也就是給我們一個主題，然後兩個同學出去就主題演出一齣戲。我被叫出去兩次，一次是表演 "The courtyard grass is too long." 的爭議糾紛；一次是表演 "buying shoes" 的爭議處理；Matthew 也會放映動物生活影片，讓同學觀看後將影片內容做敘述，記得有一次

的內容是"Orangutan"，同學要將"Orangutan"的特性、生活習慣以及跟其他動物比較，就其不同點做論述，等於除了對影片的動物要注意外，對於其他動物的習性及長相也需具備一般常識；而每天下午的參訪，Matthew 也會要我們將前一天下午的活動做回顧，說出感想等來共同分享。所以會話的練習機會很多。

在文法方面，以測試方式比較多，都是先由我們填答後，再一一討論及核對答案。

總之，Matthew 老師的教學，絕無冷場，且精彩有趣。因為離開學校太久了，在職時又沒什麼機會使用英語，所以這次的學習全程英文教學、溝通與報告，會緊張，有壓力，有時因為沒有好好表現，會感到有些沮喪，但同學會鼓勵我，幫我加油，備感窩心。

前已說過，程度分班，除了我前述之中級班外，另有高級班及初級班。我曾前往初級班試聽一個上午。初級班老師所教的非常實用，不僅與日常生活有關，也對愛丁堡的風景區如講故事般的敘述，有時也會讓同學在遊戲中學習英語對答。由於老師平易近人，跟同學很親近，所以這班同學都很喜歡這個女老師，他們學習得很愉快。

至於高級班，據同學說，大多是辯論課，就一個主題，區分正反兩方，兩造之間就個人觀點敘述並反駁對方，其中曾就"

# 我的優質人生從退休後開始

脫歐"問題雙方辯論，因為臺灣距離此問題較為遙遠，所以沒有比較深入的內容探討，但是經由其他外國學生所持的辯論理由，也能對此議題有相當程度的瞭解。

老師與同學合照

# 六、上學用膳

　　我們是很幸福的一群，Steven 對我們非常關心與照顧。上課的時候，他會在第一節課結束時，就來要我們登記吃哪一道午餐後幫忙訂餐；同時他每天都親自燒開水供應；如果下午去參加活動時，他就會買礦泉水給我們喝，可說對我們服務得無微不至。

　　上課的中午時間，我們都在學校餐廳用膳。Steven 提供多樣化的午餐讓我們選擇，餐點包括起士通心麵 (Macaroni Cheese)、牛肉肉汁蘇格蘭派 (Steak & Gravy Scotch Pie)、火腿＋蛋＋薯條 (Wiltshire cured ham, egg,and chips)、炸魚薯條 (Fish and Chips)、英式牛肉派 (British beef cottage pie)、菌菇義大利飯 (Creamy mushroom risotto)、藜麥雞肉 or 煙燻鮭魚沙拉 (Quinoa Salad with Pulled Chicken or Smoked Salmon)、英式嗆辣雞翅 (British Chicken Wings)、BBQ 肋豬排＋六個炸洋蔥圈 (Rack of BBQ pork ribs and six onion rings)、印度雞肉飯料理 (Chicken Tikka Masala)、英式炸蝦塊 (Whitby breaded scampi)、南方炸雞薯條 (Southern-fried Chicken strips)、雞肉＋酪梨卷 (Pulled Chicken and avocado wrap)、雞肉卷 (Chicken wrap) 等讓

# 我的優質人生從退休後開始

我們挑選。我們吃飯時,會另給杯子,自取咖啡 (Cafe)、汽水 (Pepsi) 或牛奶 (Milk) 來喝。

在這些餐點中,我較常吃菌菇義大利麵和藜麥雞肉,因為比較合胃口。

中午在學校餐廳用餐

# 七、寄宿家庭

　　Season 和我同住一個 homestay。我們的 homestay 是一個單親黑人家庭，有兩個已成年的女兒，視其傢俱、使用設備，家境應該屬中產階級。其樓上樓下各一間房出租，因樓上原有的寄宿生過一星期後將退租，所以 Season 暫住 home mom 女兒房間，我則住樓下。復因樓下房間有一股難聞之味道，我向 Steven 反映，經學校協助溝通，home mom 於另一寄宿生退租後，即允許我搬住二樓，以得到較佳之住宿環境。

　　由於文化差異因素，homestay 的餐點我們較難適應。home mom 的早餐只有牛奶麵包，晚餐則是一個烤得很硬的牛肉，加上一大坨的辣飯，跟一小撮的沙拉菜，我們真的無法下嚥。經由溝通，後來改由 home mom 買食物或食品，不夠或想吃的，像櫻桃、鮭魚等，我們自己再到 "Marks & Spencers" 超市去購買補足。早餐就由我處理，晚餐則由 Season 當主廚，由於她是烹飪高手，我也就有福了，這樣 home mom 也樂得輕鬆，彼此都愉快。

　　我們運氣很好，home mom 會和我們聊天；每 10 天就換床單及枕巾；有一次下雨很塞車，我們晚回，即打電話關心，讓 Season 和我都感到無比溫馨。

## 我的優質人生從退休後開始

　　在 homestay 的第二個星期，home mom 帶兩個女兒要去倫敦旅行一周，所以準備了好多肉、水果和冷凍青菜放在冰箱要我們自己煮來吃。因為 home mom 不在家，我們幾位同學就到我們 homestay 來聚會。大夥兒到" Marks & Spencers" 超市去買了鮭魚、雞腿、櫻桃等食物，還買了一瓶白酒，晚上一起吃肉、喝酒、聊是非、照相等，過了一個很愉快的夜晚。

　　Season 和我在 homestay 期間的生活，比起其他同學可說是最幸福的。當我們要回國時，home mom 還依依不捨地幫我從二樓拿下行李，還要我們合影留念。

Season 和我與 home mom 合影留念

# 我的優質人生從退休後開始

　　其他同學們在 homestay，有的還不錯，但有的有一些問題。據 Shushi 說，她的寄宿家庭還有一位來自巴黎的外國留學生，這夥伴的先生曾在高雄住了一年半，所以她們有些共同的話題，特感親切；但有些同學好像就沒有那麼幸運了。有一位同學 homestay 家人都講巴基斯坦話，很少講英語，說時口音又重，很難聽懂；有位同學說房間小到沒有一張桌子，東西要放哪裡都不知道，回家也沒有說話對象；也有同學說 homestay 家不給鎖匙，出入都須請人來開門，非常不便；也有 home dad 每天的話題都是講天氣，枯燥乏味；也有同學反映剛進門就是一股強烈的酸霉味，主人放了芳香劑，她又擔心芳香劑聞久了不好，所以不開心；另有同學說，homestay 打掃還算乾淨，唯一睡覺床向著門，感覺不好，於是向學校反映，經過溝通後調整位置；有一個同學遇到的很扯，homestay 要她洗澡不可拿下水龍頭，只能淋浴，她晚上睡覺時，home mom 還會突然出現在她的房間，讓她相當恐慌，經由 Steven 向學校反映後，至第二星期後才找到另一個 homestay 更換，讓她驚恐好幾天；還有一位同學的 home mom 上晚班，所以他們兩個除了第一天見面外，其他時間都用寫字條聯繫，最後一個禮拜，她的 home mom 第一次下廚煮晚餐，還說她瘦了，必須要多吃點，並送她一個馬克杯作紀念，這也讓她感到溫馨。

　　有一位同學因為換 homestay 發生了一件趣事。他原先的

homestay，晚上要爬上臨時搭構的梯子上閣樓睡覺，這對熟齡者是一個挑戰，後來學校幫他另覓 homestay。搬家那天，學校叫個計程車送他去，他下車後按了數聲門鈴未見回應，他想將情形打電話告訴 Steven，因為他很少用手機，在國外不知如何撥號，適巧一個人路過，他使盡全力地用英語說明，因「踢踢禿禿」的無法說清楚，這名路人突用中文迸出「你用中文說好不好」，頓時他好像見到了親人，趕快用中文說出原委，很快地把問題解決了。原來此路人長期居住香港，剛好到愛丁堡旅遊，其母親為臺灣人，所以中文講得很好。當同學告訴我這段奇遇時，我笑得好大聲，告訴這位同學，說這是我來愛丁堡聽過最好笑的笑話。

# 八、文化之旅

## 〔蘇格蘭國家博物館〕

蘇格蘭國家博物館建於 1866 年，它位於愛丁堡舊城區的 Chamber Street 上。此博物館分為舊館與新館，舊館是維多利亞式風格，新館偏現代主義的建築風格。博物館包含世界之窗 (Grand Gallery, Discoveries and Window on the Word)、自然科學博物館 (Natural World Galleries)、藝術、設計與時尚館 (Art, Design and Fashion Galleries)、蘇格蘭歷史館 (Scottish History and Archaeology Galleries)、科學與科技館 (Science and Technology Galleries)、世界文化館 (World Cultures Galleries) 及千禧人偶大鐘 (Millennium Clock Tower)。館內館藏多元豐富，有超過 800 項陳列品，號稱為倫敦區以外館藏量數一數二的博物館之一。

在科學與科技館內有一位大明星，它是 1996 年 7 月誕生於蘇格蘭，全球首隻複製的綿羊「桃莉」，1997 年 2 月公諸於世，備受各界關注。桃莉的誕生被譽為科學創舉，而各界也期盼複製技術能運用於醫療或器官移植，但也掀起諸多科學與道德的爭議。桃莉誕生後疾病纏身，研究團隊決定讓桃莉安樂死。一

般綿羊壽命平均 12 年，而桃莉只活了 6 年。

　　博物館內另有一個令人注目的焦點，那就是「千禧人偶大鐘」。鐘塔高達兩層樓，共分四層。分別代表地穴、中殿、鐘樓和尖頂，每一層樓各有故事。它能夠讓人清楚看到裡面的齒輪運作，且魔鬼藏在每個細節裡。正面底座有一個轉動大齒輪的人偶，努力推動著鐘，人偶上面有隻埃及猴，協助推動著齒輪；第二層中間有一個鏡子的鐘擺，上面坐著骷髏（象徵死亡），鐘擺的後方有列寧、希特勒和史達林，提醒人們有關二十世紀的慘事；再往上一層除時鐘外，尚有安魂曲中的人偶，分別代表 12 個月份及 12 種人們飢餓、奴役、迫害等痛苦的狀態；鐘的頂端置有一位女性抱著男性死亡者的塑像，象徵著同情與憐憫。

　　我們一行人參觀好豐富的館藏後，就在 Grand Gallery 等著千禧人偶大鐘定時的表演，並備好相機拍照。等齒輪隨著音樂啟動，每個人都看得目不轉睛，並仔細地尋找鐘擺的進度，只覺得大鐘設計得很精密，也就忘記了這大鐘正在敘述著悲慘世界的故事。

# 我的優質人生從退休後開始

複製綿羊桃莉

千禧人偶大鐘

# 我的優質人生從退休後開始

## 〖福克蘭宮〗

福克蘭宮係 1501 至 1541 年間，詹姆斯四世 ( 蘇格蘭蓋爾語 Seumas IV) 和其子詹姆斯五世 ( 蘇格蘭蓋爾語 Seumas V) 委託最優秀的建築師和工匠所建造，是蘇格蘭文藝復興時期的宮殿之一。

福克蘭宮是 17 世紀文物的寶庫，內有宏偉的皇家教堂，是世界上現存最古老的網球場所在地。目前此皇宮尚有人居住，裡面禁止拍照，僅開放部分地區供遊客參觀，我們分別參觀國王及女王的房間、藥草室以及用餐區。

福克蘭宮前門

# 我的優質人生從退休後開始

## 〔荷里路德宮〕

西元 1128 年，蘇格蘭國王大衛一世 ( 蘇格蘭蓋爾語 Dabid Mac Mail Choluim) 到愛丁堡南方森林狩獵，突被一隻野鹿攻擊，幸好平安無事，因此建造十字修道院 (Holyrood Abbey) 以感謝神蹟。1498 年，詹姆斯四世 ( 蘇格蘭蓋爾語 Seumas IV ) 改建為荷里路德宮，之後詹姆斯五世 ( 蘇格蘭蓋爾語 Seumas V ) 繼位後加建高塔，成了現今的樣貌。

由於荷里路德宮前身是十字修道院，因此又稱十字宮。目前是女王夏季到蘇格蘭的行宮，以及舉辦國家活動暨官方娛樂活動的場所。每當王室到訪時，王宮就會升起金黃色的旗幟，且不對外開放。2019 年 7 月底，伊莉莎白二世 (Queen Elizabeth II ) 才到訪過。王宮主體建於 17 世紀，而最舊的西北塔，可追溯到 16 世紀，前庭的維多利亞噴泉，為 19 世紀增建。

宮殿中最大的房間，掛滿了肖像畫，包含蘇格蘭的 95 位國王和 1 位女王，多出自荷蘭畫家 Jacob de Wet 之手。宮殿曾在 18 世紀被叛軍攻佔，因此有不少畫像仍有被刀劍破壞的痕跡。

2018 年 2 月 13 日，哈利王子和未婚妻梅根，就是在荷里路德宮舉行招待會。

於皇宮前庭噴泉留影

# 我的優質人生從退休後開始

## 〔蘇格蘭國立肖像美術館〕

蘇格蘭國立肖像美術館是第一個以肖像展覽的美術館。這座建築是紅砂岩歌德復興式建築，為羅伯特．安德森 (Robert Anderson) 於 1885 至 1890 年期間所設計。2009 年 4 月開始，肖像館一度關閉，2011 年 12 月 1 日再度開放。目前美術館收藏約 3000 張繪畫與雕塑，25000 張印刷品和素描，以及 38000 張照片。

一進大廳，可見到一個雙目炯炯有神的雕像站立著，他就是蘇格蘭著名的詩人羅伯特·伯恩斯 (Robert Burns)。這位詩人從小熟悉蘇格蘭民謠和古老傳說，他用蘇格蘭語作詩歌並吟唱，在民間廣為流傳，被認為是蘇格蘭的民族詩人。由於羅伯特·伯恩斯被視為浪漫主義運動的先驅，在其死後成為自由主義和社會主義的靈感來源，也是蘇格蘭人文化偶像，對蘇格蘭文學影響深遠，2009 年，羅伯特·伯恩斯獲蘇格蘭電視台 STV 選為歷史上最偉大的蘇格蘭人。

館內珍藏有女王像照，其眼睛凝視遠方，似乎在期待著國家偉大興隆。我們幾個同學對於這個表情甚感興趣，於是紛紛以圍巾當披肩，然後模仿女王表情一一輪流拍照，大夥兒玩得很高興。

作者在英國女王像前留影

# 我的優質人生從退休後開始

## 〖當代現代藝術館〗

要到當代現代藝術館，必須沿著愛丁堡的主要河流 - 利斯河步行過去。利斯河全長 24 英里 (39 公里 ) 左右，步道全長 12 英里 (19 公里 )。這條森林步道充滿濃濃歐洲風情，樹蔭蔽天，沿途潺潺流水聲，令人心曠神怡，仿佛置身於世外桃源。

當代現代藝術館區分 ONE 和 TWO 館。藝術館早期收藏以 20 世紀初的法國和俄羅斯藝術、立體派油畫、一流的印象派以及現代英國藝術為特色。最著名的收藏品包括馬蒂斯和畢加索的油畫和安迪·沃霍爾的作品。

ONE 館是由 William Burn 於 1825 年設計，前身為 John Watson' s School，提供給無父親的兒童上課的學院，約於 1984 年改建為畫廊。在 ONE 館前面，有一個蜿蜒起伏的小丘和三個新月形的水潭，為詹克斯 (Jenks) 於 2002 年設計，贏得 2004 年 Gulbenkian 年度博物館獎。

托 馬 斯· 漢 彌 爾 頓 (Thomas Hamilton) 於 1833 年 建 造 Dean 孤 兒 醫 院， 約 在 1999 年， 被 Terry Farrell and Partners 改建為畫廊，就是現在的 TWO 館，以展示現實主義藝術作品及雕塑家 Eduardo Paolozzi 的作品。我們這次參訪，還看到 Cut and Paste of 400 years 的特別藝術展，真是開了眼界。館內最引人注目的是著名的美國超現實主義畫家 - 多蘿西婭

坦寧 (Dorothea Tanning) 與狗 Katchina 的擁抱。畫風細膩，
畫面生動，結合了戲劇與視覺藝術，非常搶眼。

我們在新月形水潭前合影

# 我的優質人生從退休後開始

## 〖蘇格蘭國家畫廊〗

蘇格蘭國家畫廊,具有新古典主義的建築風格,這是著名的蘇格蘭建築大師威廉·亨利·普雷菲爾 (William Henry Playfair) 的作品,這種建築風格象徵著回到古希臘和古羅馬藝術的「純潔」。

蘇格蘭國家畫廊,於 1859 年首度對外開放。目前收藏了 2300 多幅作品。館藏區分為文藝復興 (Renaissance)、荷蘭與弗蘭芒 (Dutch and Flemish Art)、法國印象派 (French Impressionism) 以及蘇格蘭藝術等。收藏的作品,包括高更 (Paul Gauguin)、梵谷 (Vincent van Gogh)、莫內 (Claude Oscar Monet)、雷諾瓦 (Pierre-Auguste Renoir)、竇加 (Edgar Degas)、畢沙羅 (Camille Pissarro)、秀拉 (Georges Seurat) 等著名印象派畫家作品;以及舉世聞名的荷蘭畫家布蘭 (Rembrandt HarMenszoon van Riln) 自畫像與達文西 (Leonardo da Vinci)、拉斐爾 (Raffaello Sanzio) 的一系列聖母與耶穌畫像。

部分畫作的旁邊都有小狗的圖形,在出口前的旁邊,有一幅小狗的畫,據說是畫家作品完成後,為了可以放在國家畫廊展出,於是捐了五萬多英鎊,畫廊為了酬謝,就在部分的畫印上狗的圖形。

　　公元 1263 年，蘇格蘭 Clan Mackenzie 家族的祖先以一支箭救了受困於公鹿鹿角攻擊下的蘇格蘭王 - 亞歷山大三世 (Alexander III of Scotland)。1786 年歷史學畫家班哲明·威斯特 (Benjamin West) 把這歷史事件描繪出來，成為一傳世名畫。這幅畫是蘇格蘭國家畫廊中最大的一幅。

　　館內有幅雙目炯炯有神的鹿之畫作，這是 1851 年英國畫家艾德溫·蘭希爾爵士 (Sir Edwin Landseer) 針對蘇格蘭高地雄鹿的油畫作品，名為 "The Monarch of the Glen"（山谷之王）。該爵士頗受女王賞識，渠也因多幅畫作都與動物有關而聞名。

與蘇格蘭高地雄鹿油畫作品合影

### 英國傳統下午茶

西元 1840 年，英國維多利亞時代，當時的貴族午餐通常吃得少，女爵安娜貝佛七世 (7th Duchess of Bedford) 在下午 3 至 4 點時常感到飢腸轆轆，於是女僕準備幾片烤麵包、奶油以及紅茶供渠食用，女爵對這樣的下午茶點頗感滿意，後來就邀請幾位知心女伴前來分享，沒想到一段時間後，這種悠閒的社交生活在當時的貴族社交圈內蔚為風尚，並在上流社會流行起來。直到今天，已成為一種優雅自在的正統「英國紅茶文化」，這就是「維多利亞下午茶」的由來。

英式下午茶必須包含茶、三明治、蛋糕與甜點。如以三層架 (Stand) 裝置，通常是從下往上吃，口味從鹹到甜。下午茶中有一到甜點叫司康，它的吃法，在英國的德文郡 (Devon) 和康沃爾郡 (Cornwall) 的看法不一，前者主張先奶油後果醬；後者主張先果醬後奶油。有人說，應先奶油後果醬，因為這樣很像女王的皇冠。這對我們這些外人來說，究以何者為佳，就隨個人喜好吧！

為了體驗英國貴族的優閒生活，Steven 帶我們去喫英式下午茶。地點是在一間像地中海建築式的咖啡屋內。Steven 為我們每人點上一杯色澤相當漂亮的紅茶，也四人一組的遞上三明治、蛋糕與甜點，我們除了高興的大啖美食糕點外，還相互提

# 我的優質人生從退休後開始

醒著必須表現像個淑女或紳士般,來享受著如同英國貴族般的
下午茶時間。

優雅地享受下午茶時間

# 九、遊覽名勝

前已述，愛丁堡市一個迷人的歷史古城，處處都有它的歷史故事。Steven 和學校的助教，在課後的下午，帶著我們踏遍整個市區的名勝，讓我們深深的愛上這個神祕的老城。茲將各名勝就參訪順序分別臚列介紹如下：

## 〖王子街花園〗

王子街花園 (Princes Street Gardens) 佔地超過 37 英畝，分別於 1770 年和 1820 年修建。修建前是一個沼澤地，為愛丁堡的世界遺產之一。在此經常舉辦演出活動，也是愛丁堡國際藝術節的煙火會場。

花園內設置一座摩天輪，被稱為愛丁堡之眼，我們曾於學校活動結束後，幾個同學邀約一起去搭乘。當摩天輪浮搖直上，兩旁可俯瞰愛丁堡市區的商家燈火通明，燦爛絢麗；摩天輪越來越高，直至一片漆黑，只剩天上點點星光，有一種懸空，寧靜的感覺，加上微風徐徐吹來，羅曼蒂克氣氛十足。

# 我的優質人生從退休後開始

我們一起搭摩天輪

## 〖王子街羅斯噴泉〗

羅斯噴泉 (Ross Fountain) 與愛丁堡城堡遙遙相對，噴泉右邊樹木蔥鬱，許多男女漫步其間，構成一幅很美麗的圖畫。我們在此踱步拍照，沒想到一場冬雨澆熄了興致，等到天晴，我們再度聚集聊天，除了晾傘，還照相留念。

**我的優質人生從退休後開始**

羅斯噴泉與愛丁堡皇家城堡遙遙相望

## 〖王子街蘇格蘭花鐘〗

　　蘇格蘭花鐘 (Floral Clock) 於 1903 年建造，初建時只有時針，第二年，才增加了分針，為世界首創的花鐘。1973 年裝上電子馬達，才讓指針移動，正確報時。花鐘上有數以萬計的小型多彩植物，Steven 說，這些植物每年不同，但每次都布置得很雅緻。今年以粉紅配綠色植物為主，非常鮮豔醒目。

　　在 100 年前，救助兒童會的創始人 Eglantyne Jebb 和她的妹妹多羅西 (Dorothy) 為第一次世界大戰後在歐洲生病和挨餓的兒童設立慈善機構，以幫助這些兒童，所以花鐘上有 "100 years of save children" 字樣，它代表著愛與善的深層意義，讓我們這些觀賞者深深感動。

# 我的優質人生從退休後開始

王子街百年花鐘

## 〖愛丁堡城堡〗

　　愛丁堡城堡，是六世紀時蘇格蘭的皇家堡壘，比溫莎城堡 (Windsor Castle) 早 400 多年建造。它屹立於死火山岩頂上，其經歷過數不清的戰爭洗禮，其中大多數建築於 16 世紀時的 Lang Siege 長期圍城事件中被毀。它是愛丁堡的重要地標，也是蘇格蘭的精神象徵。

　　城堡中歷史建物很多。其中的一點鐘大砲 (The One O'clock Gun)，除了星期日、聖誕節和耶穌受難日外，每天下午一點都會鳴砲；而聖瑪格莉特教堂 (St Margaret's Chapel)，是十六世紀 Lang Siege 長期圍城中倖存的建物之一，其為十二世紀國王大衛一世 (David) 為了皇室家族作禮拜之用而建造，並以他的母親 Saint Margaret of Scotland 為之命名；另皇家宮殿 (Royal Palace) 為整座城堡人氣最旺的一棟建築物，遊客絡繹不絕，裡面陳列了皇冠、寶劍和權杖等寶物。皇冠是 John Mosman 於 1504 年為詹姆斯五世打造，1540 年國王在 Holyrood Abbey 舉行瑪莉皇后的加冕典禮上第一次配戴；寶劍是羅馬教皇尤利烏斯二世，於 1507 年贈與詹姆斯四世之寶物；而權杖，則是羅馬教皇亞歷山大六世約在 1494 年贈與詹姆斯四世，1536 年詹姆斯五世請銀匠 Andrew Leys 加長並於權杖頂端裝飾蘇格蘭花打造而成。這些陳列物光耀奪目，美不勝收。

# 我的優質人生從退休後開始

　　城堡寬敞，建物內的擺設豐富，呈現的是蘇格蘭的史料，頗具可看性。愛丁堡藝術節中的軍樂節，就是在此城堡表演。

城堡入口處

## 〔洛蒙德湖〕

　　洛蒙德湖位於蘇格蘭高地南部，為蘇格蘭最大湖泊，湖長 39 公里，最寬 8 公里，面積 63.7 平方公里，湖深 190 米，面積僅次於北愛爾蘭的內湖。湖中有 30 個島嶼，湖水注入克萊德河，與格拉斯哥、克萊德賽德等城市聯繫密切，目前是蘇格蘭第一座國家公園 - 特羅薩克斯國家公園 (Trossachs National Park) 的一部分。

　　造訪當天是星期日，Steven 一早帶我們搭遊覽車前往。到達時，下著毛毛細雨，但並沒有削減我們的玩興。我們搭乘觀光船遊湖，湖水清澈，兩旁花木扶蘇，其倒影構成寧靜優美的景象，偶爾跑來了幾隻水鴨劃破平靜的湖水，一下子增加了動態的畫面，讓人心曠神怡。

# 我的優質人生從退休後開始

洛蒙德湖觀光船

# 〔格拉斯哥〕

格拉斯哥,是蘇格蘭蓋爾語的 Glaschu,建城於西元六世紀,為蘇格蘭最大城市,是英國第五大城,位於蘇格蘭西部的克萊德河河口,人口超過 61 萬,整個都會區將近 200 萬人。目前為重要商港和工業重鎮。

我們搭遊覽車前往,在位於市中心的喬治大廣場 (George Square) 下車,廣場上有喬治三世、維多利亞女王、詩人 Robert Burn、工業革命的代表人物瓦特以及英國作家 Walter Scott 爵士等人的雕像,宛如一座露天的雕塑館。而格拉斯哥的街上有很多維多利亞建築,古典優雅,所以連走在街上都飽受眼福。

格拉斯哥有三所大學,最著名的為格拉斯哥大學,成立於 1451 年,是英語系國家所有大學裡第四古老的學校。目前有兩萬七千多名學生,全球排名前百大,是嚮往英國留學者可列入考量的學府。

Buchanan Street 是格拉斯哥的主要購物街;而 Buchanan Galleries 是著名的購物商場,擁有超過 90 家店鋪,十分熱鬧。從愛丁堡搭火車到這裡只需 45 分鐘的車程,所以在第二星期的星期日自由時間,有同學就搭火車前來此地購物。

格拉斯哥也有個現代美術館,我們不購物的同學由 Steven

帶領前往參觀。剛進去館內一片漆黑，原來是一間大家可以躺著看影片的地方，我們都感到新奇，也入境隨俗的躺下來觀賞了介紹蘇格蘭民情風俗的影片。之後我們上樓，找到一個供情侶談心的小密室，大夥兒輪流角色扮演拍照，很有趣。

喬治大廣場雕像

# 我的優質人生從退休後開始

## 〔卡爾頓山丘〕

卡爾頓山丘海拔只有 171 米，鄰近市區，融合繁華的商業區和寧靜的住宅區於一體。在山丘上可飽覽城市，為俯瞰愛丁堡新舊城區的最佳地點。山丘上景點包含納爾遜紀念碑(Nelson's Monument)、道格爾·史都華紀念亭(Dugald Stewart Monument)、國家紀念碑(The National Monument)以及 Old Observatory House。

納爾遜紀念碑，建於 1807 至 1815 年間，是為了紀念 1805 年特拉法加戰役中，擊敗法國和西班牙艦隊但不幸中彈陣亡的海軍中將第一代納爾遜子爵霍雷肖·納爾遜 (Horatio Nelson)。1853 年，塔頂增設了報時球，球體烙下的時刻和愛丁堡城堡的「一點鐘大砲」聲同步，從前的船隻就是依據這兩處的信號來校正航海鐘。

道格爾·史都華紀念亭，建於 1831 年，這是為了紀念愛丁堡大學自然哲學教授兼蘇格蘭的哲學家道格爾·史都華所建。由威廉·亨利·普萊費爾 (William Henry Playfair) 以希臘雅典的列雪格拉德音樂亭為原型所建造的希臘式建築。

國家紀念碑，建於 1826 年，係為了紀念英勇抵抗拿破崙軍隊而陣亡的蘇格蘭士兵。其以雅典帕特農神廟的造型而建，不過蓋了一半，因缺乏資金，而只蓋了 12 根柱子，因此被稱

為「愛丁堡的恥辱」。雖然如此，還是吸引很多人前來拍照，也有作為電影拍攝的場景，周杰倫的《明明就》和電影的《真愛挑日子 One Day》都在此拍攝。於此特殊美景，Steven 要 Season 和我跳舞供他錄影，我們照辦了，因為這時大家的心情都很興奮！

Old Observatory House，建於 1792 年，綠色圓頂，當年作為任職天文台的天文學家住所，目前並未開放。

# 我的優質人生從退休後開始

攝於國家紀念碑前

## 〔聖安德魯斯〕

聖安德魯斯坐落於蘇格蘭東海岸，是中世紀時期蘇格蘭王國的宗教首都，也是高爾夫運動的發源地。此地名勝包含高爾夫老球場 (Old Course)、聖安德魯斯大教堂 (St. Andrews Cathedral) 廢墟以及聖安德魯斯大學 (St.Andrews University)。

老球場是世界上歷史最悠久的高爾夫球場之一，已有六百多年的歷史，據說地形是天然形成的，因此有「上帝創造的球場」之美稱，至今已舉辦過 29 場次的英國高爾夫球公開賽。

聖安德魯斯大教堂建於 1158 年，曾一度為蘇格蘭最大的教堂，於 1561 年宗教改革期間被洗劫摧毀，如今僅成一片廢墟。

聖安德魯斯大學，建於 1410 至 1413 年，是蘇格蘭第一所大學，也是整個英語世界中的第三古老大學，僅次於牛津和劍橋大學。威廉王子 (Prince William) 和凱特 (Kate) 在蘇格蘭相識相戀，威廉王子就讀的蘇格蘭最古老的大學 St.Andrews University 也因此名聲四起。

聖安德魯斯令我印象最深刻的是到處花海，是一個很浪漫的城市。Steven 還帶我們去當地最有名的 Jannettas Gelateria 冰淇淋店吃冰淇淋，大家都返老還童，吃得津津有味。

# 我的優質人生從退休後開始

老高爾夫球場一隅

## 〔亞瑟王寶座〕

亞瑟王寶座是座 250 米的小山,是愛丁堡的最高點,已有 3.5 億歲的高齡,前身是一座火山,由於熾熱的岩漿衝出地面,所噴出的火山熔岩慢慢形成現在的深灰色玄武岩山丘。

其之所以稱為亞瑟王寶座,係因為英格蘭傳說中的亞瑟王,是圓桌騎士團的首領,在羅馬帝國瓦解之後,他率領著圓桌武士騎士團,統一了不列顛群島,其英勇事蹟,深受後人歌頌。由於這座山在現代地質學的地位,可以與亞瑟王相提併論,且從某個角度看,小山類似獅子的頭,獅子是高貴的象徵,獅子頭更是至高無上,所以這座小山就被稱為亞瑟王的寶座。

同學們陸續登山,路過的夢幻湖,猶如上帝斗大的藍眼淚,非常漂亮。途中花草叢生,點綴著光禿的碎石子山路,猶如典型的歐洲風情畫。走到一半,突下起雨來,且風勢不小,但同學們不畏風雨,仍奮力向前,時走時爬,最後個個登到山的最頂端,再照相留念。

# 我的優質人生從退休後開始

美麗的亞瑟王寶座

登頂歡呼

# 我的優質人生從退休後開始

## 〖阿尼克城堡〗

　　阿尼克城堡建於 1096 年，僅次於倫敦溫莎城堡，為英格蘭第二大城堡，是一座中古世紀的建築。最初建造的目的是為了防止蘇格蘭人入侵，它見證了數次歷史革命，以致城牆外觀都是戰爭過後的痕跡。城堡數度易主，16 世紀和 18 世紀，都曾進行大規模翻修。1309 年起，諾桑伯蘭伯爵曾以此為住所，由於伯爵喜歡義大利的風格，所以改建成義大利的造型，直至今天，仍是第十二世諾森伯蘭頓公爵和夫人的宅邸。

　　近年來，有一些電影及電視劇在此開拍，如《伊莉莎白女王》、《哈利·波特》以及《羅賓漢》等都曾在此拍攝。目前城堡裡面有很多關於《哈利·波特》電影中的飛天掃帚、射箭以及盔甲的穿著供遊客體驗，因此是北英格蘭地區遊客數量最多的景點之一。

　　由於《哈利·波特》電影在此拍攝，我們在此遊覽特別興奮。除了參觀城堡陳設外，在城堡中庭的大草坪，有幾位老師教導遊客如何學習《哈利·波特》電影的飛天技巧，我們也沒有錯過這個機會，大家爭相拿著掃帚學習跳躍，看誰飛得高，好玩有趣，個個都年輕了好幾歲。

大夥兒努力跳躍學習飛行

275

# 我的優質人生從退休後開始

## 〖特韋德河畔伯立克〗

　　特韋德河畔伯立克是英格蘭最北的城鎮，和蘇格蘭的邊界只有 3 公里。由於歷史更迭，致常處動盪不安中。蘇格蘭和英格蘭歷經 300 年的長期戰爭，主權更換 13 次，終在 1482 年，蘇格蘭投降，英格蘭成功佔領。

　　此城鎮最有名的就是皇家邊界橋，係於 1847 至 1850 年由羅伯特史蒂文森 (Robert Stevenson) 所建造，是讓人十分注目的鐵路橋，為世界上最好的橋樑之一。目前皇家邊界橋有新舊兩橋，皆供車輛通行。

舊皇家邊界橋前留影

# 我的優質人生從退休後開始

## 〔福斯橋〕

所稱的福斯橋包含福斯鐵路橋 (The Forth Rail Bridge)、福斯公路橋 (Forth RD Bridge) 以及最近完工通車的昆斯費里大橋 (Queensferry Crossing Bridge)。福斯灣 (Firth of Forth) 目前的三座橋梁，分別建造於三個世紀，呈現不同世代的工業技術，不僅在全球罕見，也是福斯灣三道美麗的風景線。

福斯鐵橋是蘇格蘭最有名且被譽為世界鐵路橋梁史上的里程碑之一。此橋係由約翰·富勞爾及班傑明·貝克兩位工程師所設計，於 1882 年開工，1890 年完工，是興建於蘇格蘭福斯河口上方的懸臂式大橋。橋長達 2467 公尺，高度 110 公尺，使用了 55,000 噸的鋼鐵和 650 萬顆鉚釘，動用了 4000 多位工人，施工中有 98 人意外身亡，足見工程之艱鉅。橋體為十分鮮艷的大紅色，因此英國人笑稱，等把橋全部漆上顏色，橋的前半部又褪色了，又得重新上色，所以流行一句 "Paint the Forth Bridge"（給福斯橋刷漆）的俗語，意味著一件永遠做不完的工作。而福斯鐵橋也確實於 2011 年才完成全部的塗漆作業，它僅供鐵路使用。

福斯公路橋位於福斯鐵橋附近，於 1964 年開工，花了六年時間才完工。2015 年 12 月 4 日，由於結構性問題，一度關閉，至同年 12 月 23 日才開通。該橋僅供汽車通行，而重型貨車則

在 2016 年 2 月 20 日才重新放行。

　　昆斯費里大橋是新蓋給汽車行走的跨海大橋，它橫跨福斯灣以及蘇格蘭的費夫 (Fife)，長 2700 公尺，造價 13.5 億英鎊 (約新台幣 540 億元 )，為蘇格蘭新地標，是目前世界上最長的三塔斜張橋，也是英國最高的橋，預估每年將可通行 2400 萬車次，號稱可耐用 150 年。

　　我們在此眺望這三個偉大工程，只能讚嘆稱奇。真巧，今天好幾位同學都穿著紅色外套，於是調皮的搭起福斯鐵橋的模樣照相，非常開心。

# 我的優質人生從退休後開始

福斯鐵橋

## 〔北貝里克〕

北貝里克是一個漂亮的海濱小鎮，距離愛丁堡不到一個小時的車程，擁有迷人的沙灘，同時也是蘇格蘭海鳥中心，為一渡假勝地。

小鎮迎面北海 (North Sea)，到了海鳥中心，可見到海上有一個白色的石頭，稱呼為 Bass Rock，是世界聞名的海鳥島，約有 50,000 隻鳥在此棲息，而石頭上遠看像雪白般的夢幻，實際上是鳥糞。

海鳥中心前面的紅色花崗岩十字架紀念碑，是紀念為拯救溺水男孩而犧牲性命的格拉斯哥凱薩琳沃森。

這個地方較為暑熱，我們隔著北海眺望海鳥島，照了幾張照片後，就都躲到海鳥中心的紀念品店喝咖啡跟吃點心去了。

# 我的優質人生從退休後開始

眺望海鳥島

　　這次遊學，每天幾乎都吃西餐，有點膩，於是由北貝里克回到愛丁堡後，幾個同學就看著地圖，搭著公車，一起去愛丁堡有名的"The SHIP"大啖海鮮。我們點了兩大盅海鮮，有龍蝦、九孔、蟳、明蝦、貝類等等各式各樣的海鮮，一冷盤一熱食，吃得相當過癮，一人支付約新臺幣 2000 元，價格尚稱合理。

# 我的優質人生從退休後開始

海鮮大餐

## 〔蘇格蘭威士忌體驗中心〕

　　蘇格蘭威士忌體驗中心位於愛丁堡城堡附近的皇室英哩大道上。1987 年由 19 家蘇格蘭威士忌公司共同創立，原命名為蘇格蘭威士忌中心 (Scotch Whisky Heritage Centre) ，後來改名為蘇格蘭威士忌體驗中心。創設的目的是想打造一處永久的觀光景點，向遊客介紹威士忌的歷史淵源和發展脈動，目前每年吸引數萬旅客前來參觀。

　　Whisky 源於古語「生命之水」，而蘇格蘭威士忌以香醇厚實的絕妙口感聞名世界。依據 1998 年的蘇格蘭威士忌法案規定，要稱為「蘇格蘭威士忌」必須具備下列三條件，那就是「使用當地的水、穀物及酵母，且全程在蘇格蘭磨碎、發酵、釀造」；「為了保存香氣及口感，蒸餾的酒精度必須少於94.8%」；且「只能裝在小於 700 公升的橡木桶內，並陳放在蘇格蘭的倉庫超過三年以上」。就因為這樣嚴格明確的規定，讓蘇格蘭威士忌一直保持穩定品質及優越口感。

　　體驗中心從人員進入參觀的第一刻起，在每個環節上，都處理得很細膩，面面俱到，處處充滿人性面，這可感受到他們真的很努力，很用心，同時也可反映在其產品上的精緻度，難怪蘇格蘭威士忌名聞遐邇。

　　我們參觀時學到一個蓋威克語 "SLAINTE MHATH!"，意

## 我的優質人生從退休後開始

思就是「身體健康」，發音類似「斯覽巨把～」。這可以記起來，
跟朋友聚會時分享及運用！

大夥兒試喝威士忌

## 〔忠犬波比〕

愛丁堡城區的格瑞范爾教堂 (Greyfriars Church) 外有個小狗的青銅雕像，它塊頭不大，渾身毛茸茸的，目光凝視前方，好像在等著主人回來，原來這是一隻灰毛的蘇格蘭類犬波比 (Bobby)，主人是 19 世紀中期的牧羊老人約翰·格瑞 (John Gray)，這個銅像就是在述說著他倆的故事。

故事是這樣的：約翰·格瑞每周三都會帶著波比去愛丁堡的市集做買賣，然後到特雷爾酒吧 (Terrell Bar) 吃午餐，酒吧的人都很喜歡波比，每次主人特雷爾都會給波比一個甜麵包。好景不常，老約翰於 1858 年去世，被埋葬在格瑞范爾教堂的墓園裡。葬禮後的第三天，顯得疲憊、憂傷的波比來到特雷爾酒吧，特雷爾可憐它，仍給予甜麵包，波比總是感激地搖著尾巴叼著麵包跑開了，之後一段日子皆如此。後來特雷爾好奇的跟蹤波比到了墓園，發現波比趴在主人的墓碑旁吃著甜麵包，為主人守墓，只有下雨時波比才會到教堂躲一下。

人們為波比的行為深深感動，很多人試圖收養它，但波比始終拒絕離開。如此經歷了 14 年後的 1872 年某一天，人們發現波比死在主人的墓園上。波比的故事深深感動了周圍的人們，於是市議會破例為小狗波比頒發了義犬證書，並將它埋葬在主人墓旁，和主人永遠相伴，且建立雕像紀念。

# 我的優質人生從退休後開始

　　聽說摸摸波比雕像的鼻子會帶來好運，我們也不免俗，就競相摸該雕像的鼻子並照相留念。

大家競相摸忠犬

## 〔大象咖啡屋〕

大象咖啡屋，是愛丁堡舊城區裡的知名咖啡屋。於 1995 年開幕迄今，蘊育出無數的優秀作家，除了著名的《哈利波特 - 神秘的魔法石》作者 J.K Rowling 外，像是《雷博斯探長》作者 Ian Rankin 以及《第一女子偵探社》作者 Alexander McCall-Smith，皆於此咖啡屋產生靈感創作，所以它是人文薈萃的地方。

當年窮困潦倒的 J.K.Rowling，就在這裡每天點一杯咖啡，一邊回望著愛丁堡城堡，一邊寫出早期的《哈利·波特》，現在咖啡屋的菜單上還留有他當年寫作的照片。由於 J.K.Rowling 在此完成的《哈利波特 - 神秘的魔法石》第一集原稿，也因此《哈利波特》的首次簽書會就在這大象咖啡屋舉行。如今《哈利波特》系列小說已被翻譯成七十多種語言，在全世界兩百多個國家發行，累計銷售量達四億多冊，根據小說翻拍的影視作品也非常成功。因此，大象咖啡屋聲名大噪，慕名的拜訪者絡繹不絕，在咖啡屋的窗子上就寫了 "Birthplace of Harry Potter"（哈利波特誕生地），每個訪客幾乎都會在此照相留念。

走進店中，玻璃櫃中是各種不同材質風格的大象玩偶，椅子、玻璃上的貼紙以及咖啡杯，到處都印著大象。咖啡屋的廁所，牆面上寫滿了世界各地哈迷的留言，還有小說中特

# 我的優質人生從退休後開始

有的片段。

　　咖啡屋前後間的走廊，是保護大象的宣傳區。宣傳板旁，可以看到有關 J.K.Rowling 的剪報、簽名，以及她成名後故地重遊的場景。

大夥兒在大象屋前合影

## 〔愛丁堡皇家植物園〕

愛丁堡皇家植物園建於 17 世紀，開始時只是一個網球場大小的藥園，經過陸續的規劃與發展，並在 20 世紀時與當地的三個植物園合併，成了現在佔地 70 公頃的巨型植物園。目前收集了超過 13302 種植物，許多還是瀕臨絕種的珍貴植物，是世界有名的植物園。

棕櫚植物區域 (Tropical Palms)，建於 1834 年，建築結構呈八邊形，種植來自熱帶雨林的棕櫚科植物，約有 2600 種左右；溫帶植物區域 (Temperate Walkway)，建於 1858 年，高 23 米，溫度控制在 10 度以上，這裡的植物多來自南半球溫帶地區，特別是澳大利亞、南非和加那利群島的纖嫩植物，也有許多溫帶地區的棕櫚植物。

溫室前陳列一根粗壯斷裂的木頭，它是 1830 年從愛丁堡西北方一英哩的 Craigleith Quarry 運送過來的，此化石已超過三億年，是英國最大的植物化石。

2004 年，臺灣也有跟皇家植物園合作，在植物園 John Hope Gateway 大樓的 Real Science Studio 展出三週的「蘭花特展 - 臺灣花卉極致」，以慶祝愛丁堡植物園到臺灣採集標本 150 週年、中華民國核定梅花為國花 50 週年以及植物園標本暨圖書館大樓啟用 50 週年紀念。

# 我的優質人生從退休後開始

　　植物園幅員甚廣,花木林立,露紅嫣紫,生機勃勃,美不勝收。園內有個蘋果園區,蘋果結實纍纍,引人垂涎欲滴。而棕櫚植物區域及溫室,都需另購票進入,裡面有更多從未見過的珍貴花草,爭妍鬥麗,讓人目不暇給。聽 Steven 說,如果五月份到此旅遊,就可看到非常多的杜鵑花,那時定是滿園春色,更是欣欣向榮的景象,

植物園前合影

三億年的植物化石

# 我的優質人生從退休後開始

## 〔不列顛尼亞號〕

不列顛尼亞號是皇家遊艇。Britannia 是古羅馬時期拉丁語對「不列顛行省」的稱呼，其疆域涵蓋現今之英格蘭、威爾斯、蘇格蘭及法國大部分地區。後來不列顛尼亞被神化為女神，成為現代英國的象徵。在英國，許多酒店、博物館都以此命名，寓意著將受女神庇護。

此皇家遊艇於 1953 至 1997 年服役，下水及退役都是由伊麗莎白女王二世親自主持，航行里程超過 100 萬公里，目前停泊在愛丁堡的 Leith 港供遊客參觀，讓民眾感受皇家的生活方式。

上層甲板的中間，是整艘遊艇最主要也是最大的客艙，其中國事宴會廳，女王曾在此以國宴款待過邱吉爾、柴契爾夫人、克林頓、雷根、曼德拉以及葉爾欽等眾多政要。宴會廳中央為可同時容納 32 人用餐的桃花心木餐桌及赫普懷特 (Hepplewhite) 座椅。據說每次宴會前，工作人員都要花費近三小時的時間用尺測量著擺放的餐具及瓷器，非常講究。

上層甲板的尾部，是皇家國事會客廳，於此賓客和皇室成員可以享受輕鬆的飲茶閒聊時光。此廳絕大多數的家具，都是在女王 1956 年訪問斯德哥爾摩時由瑞典皇室所贈送。大廳內的三角鋼琴，黛安娜王妃及各明星訪客都曾彈過。

　　女王與親王的臥室位於同一側由同一道門相連。每次國事訪問時，女王需要專人協助更衣，有時同一天需要更換五套不同服裝，所以每次出訪攜帶的隨身行李，偶會高達五噸之重。與女王臥室相比，親王的臥室穩重不少，暗紅色配飾，相對小一些的床，以及特別要求不要帶蕾絲邊的枕頭。

　　不列顛尼亞號比較著名的航行，包括 1981 年，查爾斯王子和黛安娜王妃在這艘遊艇上度蜜月；1986 年，亞丁內戰，拯救了一千多名難民；1997 年，香港回歸，當時就由此船接查爾斯王子和剛卸任的香港總督彭定康，從維多利亞港離開香港至菲律賓，再返回英國，並於同年 12 月正式退役。

# 我的優質人生從退休後開始

不列顛尼亞號一隅

於皇家國事會客廳留影

# 十、國際藝術節

國際藝術節包含愛丁堡國際藝術節 (Edinburgh International Festival)、愛丁堡藝穗節 (Edinburgh Festival Fringe) 與愛丁堡皇家軍樂節 (Edinburgh Military Tattoo)，分別闡述如下：

## （一）愛丁堡國際藝術節

愛丁堡國際藝術節係於 1947 年開始，每年都邀請世界頂尖的藝文團體在愛丁堡各大劇院與音樂廳表演，共區分歌劇、戲劇、音樂及舞蹈四大類型。2019 年的表演自 2019 年 8 月 2 日至 26 日，據 Steven 口述，愛丁堡的人口約 50 萬，藝術節當月，估計觀光人口超過 100 萬。因此在國際藝術節當月，愛丁堡一片繁榮盛景，我們剛好躬逢其盛。

我們課程有安排看魔術秀，交響樂團演奏，太陽劇團表演，以及合唱團演唱，節目都非常精彩。我們前往看魔術表演時，館內有一由各種不同材質釀造的啤酒吧，我們好奇地叫了幾種不同品類的啤酒分著試喝，無論顏色或口味，都屬上品；另於觀賞俄羅斯交響樂團演奏，接近尾聲希望觀眾參與時，同學 Margaret 應邀上台指揮，她音感佳，節奏有序，穩健從容，

大獲讚賞，一致叫好；太陽劇團的表演，不使用動物，僅以獨特的特技配合音效，就令人為之震撼，尤其是鐵籠機車競速表演時，讓我們目不轉睛，驚嘆連連；而英國的合唱團演唱，不但歌舞創新獨特，每首歌都有情節，也和觀眾互動，讓人耳目一新。

大夥兒享受精釀的啤酒

# 我的優質人生從退休後開始

## (二) 愛丁堡藝穗節

　　愛丁堡的每年八月，會舉辦藝穗節活動。這時來自世界各地許多小型或新創節目的表演者，拿出他們的本事，包含獨腳戲、歌劇、音樂劇、舞台劇、脫口秀、舞蹈、雜耍馬戲、音樂等等不同的類型，從早上 10 點到半夜 12 點，在城市不同角落隨時隨地表演，所以這些天，愛丁堡儼然成了一座不夜城。

Royal Mile 表演街與表演者合影

## （三）愛丁堡皇家軍樂節

愛丁堡軍樂節表演始於 1950 年，初期只有八個項目，後來不斷發展壯大，才有今天的規模。每年軍樂節的表演團體與項目皆不同，也經常邀請其他國家的軍樂團體參與演出。2007 年臺灣的北一女樂儀隊也曾受邀前來共襄盛舉。是項表演在愛丁堡城堡舉行，演出持續約 90 分鐘，最後還會綻放壯觀的煙火助興。

軍樂節的緣起，係二次世界大戰期間，居民多有傷亡，戰後蘇格蘭召集國家軍隊，到城堡這裡來鼓舞大家的士氣，希望幫助大家遠離戰爭的傷痛。這為撫慰傷痛的軍隊表演，成為軍樂節的由來。

軍樂節表演之所以取名 "Tattoo"，這可追溯到 300 多年前，每當軍隊吹著橫笛敲著鼓樂穿越街道遊行時，來自比利時與荷蘭酒店老闆們會發出號令 "Doe den tap toe!"，是荷語「關掉水龍頭」之意，英文譯為 "turn off the tap"，意思是提醒酒店應將酒桶的龍頭關掉，停止酒類供應，讓軍人乖乖回營就寢。這 "Doe den tap toe!" 的號令，變成後來的 "Tattoo"。

軍樂節的表演，係以城堡為背景，融合了軍操、樂儀隊、傳統舞蹈以及參與演出國家的民俗風情與特質，演出氣勢非凡，精妙絕倫，撼動人心，難怪每年吸引約 22 萬人前來觀賞，據說

## 我的優質人生從退休後開始

全世界還有 1 億多人守在電視前面觀賞。

軍樂節表演門票是秒殺，很高興在我們出發前惠安機構就已購置完妥。表演當晚下著濛濛細雨，Steven 很貼心的發給我們每人一件雨衣，讓我們舒適的看完所有表演。我們能參與這場盛會，滿滿確幸，心懷感恩。

軍樂節表演

# 十一、結業式

　　這次的愛丁堡遊學，短短三個星期，有時雀躍欣喜，有時略有壓力，我想這是學習必經的歷程。由於遊學是自發性的，雖然甘苦皆備，然這個學習付出的代價，是值得的，我深感收穫滿滿。

　　時間飛逝，猶如白駒過隙，遊學接近尾聲。8月23日上午，我們的高、中、初級班合併辦理英語課程結業式。校長和老師一起來頒發結業證書。頒發結業證書時，老師一一唱名，我們逐一上前領取並合影。結業證書上有個人所上班級、老師的評語與建議，可作為日後增進英語能力的重要參據。

　　這趟遊學之旅，除了感謝老師諄諄教導以及學校給與良好學習環境外，對於 Steven 的悉心照顧，同儕間的相互鼓勵與包容，我充滿著感恩、懷念與不捨。

# 我的優質人生從退休後開始

取得證書並與校長及老師合影

《小確幸》

1. 遊學的寶貴經驗令人難忘。

2. 經過這方考驗，比較敢開口說英語了。

3. 結交了許多好朋友。

4. 對愛丁堡有更深層的認識，也更喜歡這文化底蘊豐富的古老城市。

# 伍、餘音

# 我的優質人生從退休後開始

　　自從公務機關屆退以後，我沉浸在不斷學習與運動休閒旅遊中。有朋友規勸我不要學習那麼多，都已退休了，毋須如此忙碌。這些話，我曾放入腦中去分析過，想，如果退休了，每天看電視、到公園跳舞或聊天，抑或逛街購物，生活沒有目標，我想那不僅無聊，且缺乏踏實感，這樣的日子對我來說，沒有意義。

　　我這些退休生活的安排，有序，且讓我更自信，更充實。每天早上一覺醒來，我就開始計畫當日的行程，除上課或已有約前往健行、登山或旅遊外，就會寫寫書法，不想寫了就畫畫，不想畫了就讀英文，不想讀英文了，就到花園拔草，或整理家裡，抑或看書，也要看電視的新聞、旅遊、演講及益智性節目，還得抽空看看 line。因此，從來不會感覺空虛無聊，反而覺得每天都有很多事要做，就感覺一天過得好快，怎麼才剛吃好中餐，馬上又要煮晚餐了。

　　運動與旅遊，是我放空、鍛鍊身體以及培養人際關係的時候。這些活動，強健了身心，開闊了視野，心境得到平衡與舒暢，還經由朋友間的彼此關懷與照顧，加強了緊密關係。在職的時候，朝中有人就好辦事；屆退後，朋友多，貴人就多，大家成了忠誠另類的「老伴」，生活就是因為有了彼此，才變得豐富有色彩。

　　遊學，本不在我的退休生活規劃之列，對我來說，完全一

個嶄新的體驗。這趟遊學，所費不貲，但所見所聞，收穫頗多，且同儕經過將近一個月的相濡以沫，已奠定良好的感情基礎，回國後，仍密切聯繫，不但相約聚餐，還規劃下個月一起赴台南遊玩。我曾多次出國旅遊，有些地方印象已模糊，但對於遊學的經歷，卻是記憶猶新，所以文中對遊學較多著墨。

學習書法這些年，我努力過，所以它已成為生活中不可或缺的一部分。而繪畫及攝影，雖然我畫的不好，攝影技術也有待提升，但兩者對我的書法靈活度及美學的培養，確有助益。它們都是我的興趣範圍，也確實豐富了我的生活，同時也希望藉此來提升自己的氣質，所以不會感覺疲累。我深信，學習是會使人生活充實的；規律的生活，對健康是有益的，而在我的退休生活中，也確實得到了印證，所以我會繼續維持這種「活到老，學到老」的日子。

過去忙碌的職業生涯已過去，退休以後我要過自己想要的生活，所以我要發揮自己的興趣，讓優質人生的的確確從退休後開始。

官網

## 國家圖書館出版品預行編目資料

我的優質人生從退休後開始 / 許惠妙著 . -- 第一
版 . -- 臺北市：崧燁文化 , 2020.08
　　面；　公分
POD 版
ISBN 978-986-516-449-2( 平裝 )
1. 退休 2. 生涯規劃 3. 生活指導
544.83　　109011991

# 我的優質人生從退休後開始

臉書

作　　　者：許惠妙 著

發 行 人：黃振庭

出　　版：崧燁文化事業有限公司

發 行 者：崧燁文化事業有限公司

E - m a i l：sonbookservice@gmail.com

粉 絲 頁：https://www.facebook.com/sonbookss/

網　　　址：https://sonbook.net/

地　　　址：台北市中正區重慶南路一段六十一號八樓 815 室

Rm. 815, 8F., No.61, Sec. 1, Chongqing S. Rd., Zhongzheng Dist., Taipei City 100, Taiwan (R.O.C)

電　　　話：(02)2370-3310　　　傳　　　真：(02) 2388-1990

總 經 銷：紅螞蟻圖書有限公司

地　　　址：台北市內湖區舊宗路二段 121 巷 19 號

電　　　話：02-2795-3656　　　傳　　　真：02-2795-4100

印　　　刷：京峯彩色印刷有限公司（京峰數位）

定　　　價：380 元

發行日期：2020 年 8 月第一版

◎本書以 POD 印製

# 獨家贈品

親愛的讀者歡迎您選購到您喜愛的書,為了感謝您,我們提供了一份禮品,爽讀 app 的電子書無償使用三個月,近萬本書免費提供您享受閱讀的樂趣。

ios 系統

安卓系統

READERKUTRA86NWK

## ios 系統　　　　安卓系統　　　　讀者贈品

請先依照自己的手機型號掃描安裝 APP 註冊,再掃描「讀者贈品」,複製優惠碼至 APP 內兌換

優惠碼(兌換期限 2025/12/30)
READERKUTRA86NWK

## 爽讀 APP

- 📖 多元書種、萬卷書籍,電子書飽讀服務引領閱讀新浪潮!
- 🎧 AI 語音助您閱讀,萬本好書任您挑選
- 🔍 領取限時優惠碼,三個月沉浸在書海中
- 🔔 固定月費無限暢讀,輕鬆打造專屬閱讀時光

不用留下個人資料,只需行動電話認證,不會有任何騷擾或詐騙電話。